中公新書 2424

天野郁夫著

帝国大学——近代日本のエリート育成装置

中央公論新社刊

第V部　終焉と転生

プロローグ　なぜ帝国大学か

アメリカの大学で

「帝国大学」という言葉を聞くと、決まって思い出すことがある。だいぶ昔の話だが、アメリカのイェール大学に一年間、客員研究員として滞在した時のことだ。

アメリカの大学で感心させられるものの一つに、整備された図書館の存在がある。イェールも例外ではなく、暇があると関心のある領域の棚を見て歩いたものである。そんなある日、大学史関係の資料を収蔵したセクションに行き当たった。棚という棚が、オックスフォード、ケンブリッジ、パリ、ベルリン、ハーバードなど、世界の超一流大学の校史、カタログ（大学一覧）の類で埋め尽くされている。圧倒される思いで書架の列をたどっているうち、その片隅に思いがけないものを見つけた。東京帝国大学の英文カタログが並んでいたのである。全部で二〇冊もあっただろうか。棚の半分にも満たない数である。欧米の大学と学問の途方もないほどの蓄積を見せつけられた後だけに、それは心を揺さぶられるような、複雑な思いを抱かせる出会いであった。東京大学が百周年を祝ったばかりの頃である。

「ザ・インペリアル・ユニバーシティ・オブ・トウキョウ」という、厳《いか》めしい名前のカタログがアメリカの名門大学に送られるようになったのは、その誕生からまだほどない頃のことだろう。英文の大学一覧の列を見ていると、その背後に肩をいからせ、懸命に、精一杯背伸びをして頑張っている先達たちの姿が見えるような気がしたものである。そのカタログの列も短く途切れ、最後にポツンと一冊だけ、戦後の東京大学のそれが置かれていたのが、いまも目の底に焼き付いている。

七人の兄弟

東京に一校だけだったその帝国大学は、やがて兄弟を増やし、設立順に東京・京都・東北・九州・北海道・大阪・名古屋と七校（京城《けいじょう》、台北《たいほく》の植民地二大学を加えれば九校）になり、優れた研究成果を生み、多くのノーベル賞受賞者を出し、国際的な学術と大学の世界の重要な一員として名前を知られるようになった。

その間、日本帝国は第二次世界大戦に敗れ、大学名からも「帝国」の語が消えた。しかし、いまも「旧帝大」などと呼ばれる七校は、いってみれば国家という親のもとに生まれ、かつて「帝国大学」という共通の姓で呼ばれていた七人兄弟である。後で触れる「学士会」は、その七大学の卒業生であるという絆《きずな》で結ばれた団体であり、東京神田に「学士会館」を置き、国立大学のなかで七大学の学長だけが「総長」を称し、集まりを持ち、学生たちは「七大学戦」でスポーツの技を競っている。帝国大学の名称が姿を消してからすでに七〇年を経たが、兄弟の強い絆はいまも健在というべきだろう。

帝国大学という命名

さて、「ザ・インペリアル・ユニバーシティ」――「帝国大学」である。明治一〇（一八七七）年発足の「東京大学」から「帝国大学」へ、名称変更があったのは明治一九年のことである。なぜ「帝国」大学だったのか。

東京大学時代の卒業者で初代文相森有礼《もりありのり》の秘書官を務め、文部次官にもなった木場貞長《こばさだたけ》という高級官僚がいる。「帝国大学令」制定の事情について「追懐談」（昭和六〔一九三一〕年）を残しているが、そこにはこんな話が書かれている（『東京大学百年史』資料一）。

森氏が帝国大学令を制定し、東京大学を帝国大学と改称せられしことは、東京大学は其《その》前より英文では Imperial University of Tokio と称し来《きた》つたので、其《そ》れは恐らくは官立大学といふ意味であつたらうと思ふが、森氏は Imperial の語を帝国と訳し、帝国大学なる字句を案出せられしものと思はる。（中略）其後は帝国憲法、帝国議会、帝国ホテルなどと続々此《この》語を使ふ事になつて来たが、当時は何となくゴッゴッ聞へて極《きわめ》て不自然であつたことを記憶して居る。而《しか》して帝国大学といふは、其裡《そのうち》に官立と言ふが如《ごと》き意味も含まれていたであらうが、併《しか》しながら寧《むし》ろ国家を本位とする国家主義の大学教育を標《ひょう》榜《ぼう》するにありと解する方が、森氏の意を体するものではあるまいか。而も〔帝国〕大学令は其第一条に、帝国大学ハ国家ノ須要《しゅよう》ニ応スル学術技芸ヲ教授シ云々《うんぬん》と言へるを見れば、其事は益《ますます》明《あきらか》であらうと思ふ。況《いわん》や当時は今日と異なり、別に私立の大学の存立するに非《あら》ざれば、東京大学を改《あらため》て帝国大学とし、特に官立の意味を附する必要の見るべきものなかりしに於《おい》てをやであつて、森氏の深意のある所窺《き》知《ち》すべきであらうと思ふ。

帝国大学という言葉の響きを「異様に感じた」と語っている関係者は他にもいる。しかし森有礼が考案したというその呼称は、京都に第二の帝国大学が誕生する頃にはすっかり定着し、その後半世紀余にわたって続くことになる。七校の大学名から「帝国」が消え、「国立総合大学」と改称されたのは、昭和二二年のことである。それからすでに七〇年になる。「旧制帝国大学」、「旧帝大」という言葉から、直ちに七つの大学名を思い起こす世代は、いまどれほどあるだろうか。

帝国大学の性格

それはともかく、木場貞長の「追懐談」は、「帝国大学」という制度の基本的な性格にかかわる重要な指摘をいくつも含んでいる。

第一に、木場の指摘するようにそれまでの東京大学は、「東京」のつかない「帝国大学」になった。東京がつくのは明治三〇（一八九七）年、京都に第二の帝国大学が創設されてからである。そこにはこの唯一最高の学府に寄せられた、政府の並々ならぬ期待がうかがわれる。帝国大学はまさに、日本帝国を代表する大学として設置されたのである。

第二に「帝国大学令」の第一条には、帝国大学は「国家ノ須要ニ応スル学術技芸ヲ教授シ及其蘊奥《うんのう》ヲ攻究スルヲ以《もっ》テ目的トス」る大学だとある。すなわち国家への奉仕を最大の目的に作られた国家の大学――それが帝国大学であった。

第三に明治一九年の時点ではもちろん、その後も大正七（一九一八）年に「大学令」が公布されるまで、帝国大学以外の大学の設置は認められていなかった。三〇年余にわたって、帝国大学だけがわが国の大学だったのである。

第四に「大学令」の公布により、帝国大学以外の官公私立大学の設置が認められるようになっても、「帝国大学令」が廃止されることはなかった。それはわが国の大学のなかで、帝国大学が特別の地位を与えられ、占め続けたことを意味している。戦前期には四八校の官公私立大学が設置されたが、一九校の官立大学のうち帝国大学は七校のみ、しかも帝国大学だけが複数学部を置く「総合大学」であり、他の官立大学はいずれも「単科大学」であった。

木場が指摘する「森氏の深意」は、戦前期を通じて見事に継承され、貫かれてきたといってよいだろう。

揺るがぬ存在感

「国家ノ須要ニ応スル」ことを求められたそれら帝国大学が、どのような個性と独自性を持ち、どのような役割を果たした大学群であったのか、これからその歴史を振り返ることにするが、帝国大学は決して過去の存在ではない。「帝国」という文字こそ消えたが、日本を代表する大学群として、姿を変えていまも揺るがぬ存在感を示し、成長し続けていることを忘れないようにしたい。

たとえば世界の各種大学ランキングを見れば、日本の大学のなかでは、東京大学を筆頭に旧帝国大学の後身の大学が上位を占めており、文部科学省がさまざまな形でテコ入れをはかっている、いわゆる「研究大学」（リサーチ・ユニバーシティ）群についても同様である。日

表P－1　帝国大学の設立年と学部編成（昭和20年）

	創設年	開設学部		
東　京	明治19（1886）年	文・法・経	理・工・第二工・農	医
京　都	明治30（1897）年	文・法・経	理・工・農	医
東　北	明治40（1907）年	法文	理・工	医
九　州	明治43（1910）年	法文	理・工・農	医
北海道	大正7（1918）年		理・工・農	医
大　阪	昭和6（1931）年		理・工	医
名古屋	昭和14（1939）年		理・工	医
京　城	大正13（1924）年	法文	理工	医
台　北	昭和3（1928）年	文政	理農・工	医

本の大学の歴史はもちろん、その現在も、七校の旧帝国大学の存在を抜きに語ることはできないのである。

帝国大学の編成

本論に入る前に、まずは七校の帝国大学の戦前期の最後の年、昭和二〇（一九四五）年時点での概要を見ておこう。

表P－1に見るように、明治一九（一八八六）年に東京から始まった帝国大学の設置は、昭和一四年の名古屋で終わった。全国の主要地域に、ほぼ一〇年おきに七校が設置されたことになる。全国を七つ、ないし八つのブロックに分け、それぞれに国立の大学を置くという構想は明治の初めからあったが、それが実現するのに半世紀余の年月が必要とされたことになる。

この他にも、中国や四国、北陸などの地域から帝国大学の設置を求める運動が起こったが、実現を見ることはなかった。多額の経費を必要とする総合大学の設置がいかに困難であったか、裏返せば帝国大学の設置にいかに巨額の投資が必要とされたかがわかる。なお、この他に戦前期に植民地であった朝鮮に京城帝大、台湾に台北帝大という、姉妹ともいうべき二校の帝国大学が設置されている。後でその概略に触れるが、資料的な制約もあり、本書では本土の七大学を中心に話を進めることにしたい。

総合大学主義

先に敗戦後の昭和二二（一九四七）年、七校の帝国大学が「国立総合大学」と言い換えられることになったと書いたが、学部編成を見ると、たしかにすべての帝大が三つ以上の学部を置いている。実は帝国大学は、創設の時から一貫して「総合大学」でなければならないとされてきた。明治一九（一八八六）年の帝国大学令によると、帝国大学は法・医・工・文・理、それに明治二三年に追加された農の、六つの分科大学（のちに「大学令」の公布により学部に名称変更）と大学院とで組織するものとされており、大正八（一九一九）年、これに経済学部が加えられた。

この「総合大学主義」へのこだわりは、帝国大学の新設に、財政負担と並ぶ大きな障害となってきた。次章以降で詳しく述べるが、早くから設置構想のあった九州帝大が、まずは京都帝大福岡医科大学の設置（明治三六年）という形で出発せざるをえなかったのは、そのためである。北海道帝大も、札幌農学校を明治四〇年創設の東北帝大の農科大学とすることから始めなければならなかった。

官立の実業専門学校のなかにも、東京高等商業学校（現一橋大学）のように早くから大学としての実質を備え、商科大学への昇格運動を展開した学校がある。しかし、「帝国大学令」以外に準拠すべき法律がなく、そこに大学は総合大学でなければならないと規定されている以上、単科の商科大学の設置が認められる可能性はなかった。単科大学の設置がようやく認められるようになったのは、大正七年の「大学令」公布以降のことである。それでも、帝国大学が総合大学に限られることに変わりはなかった。

ただ、その総合大学主義が、「帝国大学令」の規定通り厳格に貫かれていたわけではないことを、表は教えてくれる。帝国大学令が想定した理想の総合大学像を実現していたのは、東京と京都の二大学だけである。東北・九州の文系は法文学部の形をとり、北海道・大阪・名古屋の後発三校には文系の学部自体がなかった。戦前期を通してすべての帝国大学に共通して置かれていたのは、理・工・医の三学部だけである。つまり、帝国大学の多くは「総合大学」というより、理系の「複合大学」だったことになる。

七大学が、いまのような文字通りの総合大学になったのは、第二次大戦後のことである。

表P－2　戦前期の高等教育システム（昭和15年）

	官立	公立	私立	計
帝国大学	7			7
大学	12	2	26	40
小計	19	2	26	47
高等学校	25	3	4	32
大学予科	4	2	26	32
小計	29	5	30	64
専門学校	8	9	104	121
実業専門学校	51	3	18	72
小計	59	12	122	193
高等師範学校	4			4
合計	111	19	178	308

『文部省年報』昭和15年度より作成

同じ兄弟とはいえ、その間には出生順位によって学部編成に、ひいては規模にも大きな差異があったことを確認しておく必要があるだろう。

専門学校の存在

帝国大学の相対的な位置づけを知るために、戦前期のわが国の高等教育システムの全体像も見ておくことにしよう。

高等教育機関といえば、いまは大学・短期大学（それに高等専門学校の上級学年）のみである。しかし、戦前期には大学の他に、帝国大学とかかわりの深い旧制の高等学校、大学予科、専門学校、実業専門学校、高等師範学校など、大学以外のさまざまな高等教育機関があったことが、表P－2からわかる。大学予科は高等学校に相当する教育課程として、すべての公私立大学に置かれ、帝国大学でも北海道帝国大学、官立大学では東京商科大学・神戸商業大学などにも付設されていた。

その高等教育機関への進学だが、戦前期の学校制度のもとでは、小学校での初等教育（義務教育）六年、中学校・高等女学校・実業学校での中等教育五年というのが標準的な修業年限であり、そのあとの学校系統は二つに分かれていた。一つは高等学校・大学予科三年プラス大学三〜四年というコース、もう一つは専門学校三〜四年のコースである。つまり高等教育システムは、順調に進学すれば二〇〜二一歳で卒業の専門学校と、二三〜二四歳卒業の大学という二つの層から構成されていたことになる。

この二層システムのもとで、学校数でも学生生徒数でも多数を占めていたのは、常に専門学校であった。

商・工・農の実業専門学校と、医学を含むそれ以外の一般専門学校の二つに分かれていたその専門学校の存在は、大学との関係でもきわめて重要である。前身をたどれば帝国大学を含めて、わが国のほとんどの大学の起源が専門学校・実業専門学校に行きつくからである。

最初の帝国大学である東京帝大自体、出発点が東京開成学校という専門学校であったことは後で見るとおりである。北海道帝大の出発点が札幌農学校にあることは、よく知られている。大阪・名古屋の各大学の学部のいくつかも、起源をたどれば専門学校に行きつく。商・工・医の官立単科大学はいずれも専門学校からの昇格校であり、公私立大学も、大正七（一九一八）年の「大学令」公布により昇格を果たすまで、校名に大学をうたってはいても、制度上はすべてが専門学校であった。帝国大学を含むわが国の大学の歴史は、専門学校との関係を抜きに語ることはできない。

大学群のなかの帝国大学

さて、大学群のなかの帝国大学だが、昭和一五（一九四〇）年時点でわが国には四七校の大学があった。官立一九校（うち帝国大学七校）、公立二校、私立二六校がその内訳である。

帝国大学を除く官立の一二校は、単科のいわゆる「官立大学」で、東京商科・神戸商業・東京文理科・広島文理科・東京工業の各大学、それに新潟・千葉・金沢・岡山・長崎・熊本の六医科大学（この他に内務省から移管された皇学館大学があったが、戦後廃止された）を加えた、「旧帝大」との対比で「旧官大」などと呼ばれることもある大学群である。

公立はいずれも単科の、大阪商科大学と京都府立医科大学の二校だけであった。

二六校の私立大学の名前も設立年順に列記しておこう――慶應義塾・早稲田・明治・法政・中央・日本・国学院・同志社・東京慈恵会医科・竜谷・大谷・専修・立教・立命館・関西・拓殖・立正・駒沢・東京農業・日本医科・高野山・大正・東洋・上智・関西学院・藤原工業（昭和一九年に慶應義塾の工学部として統合）。

その多くがいまは総合大学化しているが、当時は理系の学部は工三・農一・医二だけ、大部分は文学部のみの単科大学であった。複数学部を置く大学は一二校あったが、それも法・

経・商の文系学部だけの大学が多数で、理系の学部を置く「総合大学」は、慶應義塾（工・医）、早稲田（理工）、日本（工・農・医）のみであり、帝国大学をはじめ官立大学は理系、私立大学は文系という棲《す》み分けが出来上がっていたことが知られる。

　このように見てくると、大学・高等教育システム全体の中で、七校の帝国大学が、ひときわ抜きんでた、独自の地位を占めていたことがわかる。

表P－3　高等教育機関入学者数（人、昭和15年）

	官立	公立	私立	計
帝国大学	7061			7061
大学	1680	269	11368	13317
小計	8741	269	11368	20378
専門学校	3028	1348	40408	44784
実業専門学校	14067	478	3382	17927
小計	17095	1826	43790	62711
高等師範学校	962			962
計	26798	2095	55158	84051
参考：高等学校	5524	468	387	6379

『文部省年報』昭和15年度より作成

　表P－3は、昭和一五年時点での高等教育機関入学者数を、学校種別に見たものである。高等学校・大学予科を除く高等教育機関の入学者総数は約八万四〇〇〇人、そのうち大学入学者は約二万人で全体の二四・五%、帝国大学は七〇〇〇人と全体のわずか八・四%を占めたに過ぎない。

　高等教育機関への入学者自体が同年齢人口の三～四%程度にとどまり、しかもその大多数が年限の短い専門学校・実業専門学校で占められていた時代である。帝国大学とその学生たちは、大学入学者数が六〇万人を超え、進学率も五〇%を大きく上回るユニバーサル化した現在とは比較にならぬほど高く、まさにエリート、選び抜かれたものとしての地位を、約束されていたことを確認しておこう。

第I部　誕生と発展

第一章　東西両京の大学――東京・京都

帝国大学以前

七帝国大学の誕生の歴史をたどることから始めよう。

東京に「帝国大学」と名付けられた最初の大学が誕生したのは明治一九（一八八六）年のことである。『東京大学百年史』を読むと、創設年は明治一〇年となっており、「帝国大学」になる以前に「東京大学」と呼ばれた時代があったことがわかる。『百年史』の記述はさらにさかのぼって、幕府によって設置された蕃書調所《ばんしょしらべしょ》・開成所《かいせいじょ》、種痘所《しゅとうしょ》・医学所の歴史から説き起こし、維新後の複雑な変遷を経て明治七年に前者が東京開成学校に、後者が東京医学校になったこと、二校が合併して明治一〇年、わが国最初の近代大学である「東京大学」の創設に至ったことを記している。

近代的な学校制度の骨格を定めた、最初の総合的な教育法規である「学制」の中に「大学」に関する規定が登場するのは、それより先、明治五年のことである。「大学ハ高尚ノ諸学ヲ教ル専門科ノ学校」で、置かれる学科は「理学・化学・法学・医学・数理学」などとされている。大学は総合的な専門教育機関とされたが、工学や農学はなく、また教育だけで研究の役割への言及もないことに注目する必要がある。規定は簡単で、具体的な内容はないに等しい。わが国のそれまでの歴史の中に、モデルとされた欧米諸国の大学に相当する高等教育機関は存在しなかったのだから当然だろう。

「大学」とは何か、どのような大学を創ろうというのか、模索と準備の期間が必要であった。

専門学校の時代

大学が、欧米諸国の先進的な学術技芸、「高尚ノ諸学」を学ぶ場であるとしたら、まずは外国人教師の力を借りて、学生に外国語の力をつけ、専門学術を学ばせることから始めるのが早道である。東京開成学校は「大学」の設立に先立ち、その準備のために設置された「専門学校」であった。

実は明治六（一八七三）年に追加された「学制」の規定には、「大学」の他に、その「専門学校」に関する奇妙な条項がある。専門学校とは法学・医学等の西欧の学術技芸を「外国教師ニテ教授スル高尚ナル学校」であり、「師範学校同様ノモノニシテ其学術ヲ得シモノハ

表1－1　東京大学・官立専門学校卒業者数（人）

	明治9～12	13	14	15	16	17	18	計
工部大学校	23	40	38	35	35	22	18	211
司法省法学校	25					37		62
札幌農学校		13	10	18		17	12	70
駒場農学校		45		20	5		33	103
小計	48	98	48	73	40	76	63	446
東京大学	125	55	71	64	67	43	48	473
法学部	15	6	9	8	8	6	10	62
医学部	70	17	39	32	27	13	17	215
理学部	40	24	17	20	22	11	15	149
文学部		8	6	4	10	13	6	47
合計	173	153	119	137	107	119	111	919

出典：天野郁夫『大学の誕生』上

後来《こうらい》我邦語ヲ以テ我邦人ニ教授スル目的ノモノ」だというのである。つまり、この規定による東京開成学校、それに医学校は、将来設置されるべき「大学」の教員養成機関とされていたのであり、明治一〇年に統合されて「東京大学」になったのちも、その性格は基本的に変わらなかった。

明治一〇年前後の時期、官立の高等教育機関が、文部省所管の東京大学だけではなかったことも指摘しておくべきだろう。

近代化の推進に緊急に必要な各種の専門官僚を養成するために、東京大学に前後して、工部省の工部大学校、司法省の法学校、開拓使の札幌農学校、農商務省の駒場《こまば》農学校と東京山林《さんりん》学校（合併して東京農林学校）など、他省直轄の学校が相次いで設置されていたからである。

東京大学に期待された役割もまた、なによりも大学をはじめとする文部省所管の諸学校の教員養成にあった。

表1－1は、これら官立高等教育機関の卒業生数を見たものである。帝国大学成立以前の時期は、いわばフランスのグランゼコールに似た「高尚ナル」専門学校の時代であったことがわかる。東京大学は唯一の「総合大学」であったものの、専門人材の養成という点で見れば、一頭抜きんでた存在では必ずしもなかったのである。

大学像の模索

帝国大学は、その影の薄かった東京大学が、他省庁立の学校を（札幌農学校を除いて）次々に吸収・統合する形で設立されたものである。その意味では帝国大学は、わが国最初の行政改革の産物といえるかもしれない。しかし、帝国大学の誕生は、さまざまな省庁立の学校の再編統合をはるかに超える大きな出来事であった。わが国の、いまもなお生き続けている大学の組織や文化の「原型」は、帝国大学の出現によって形作られたものだからである。帝国大学の誕生以前は大学とは何か、どんな大学が日本という国家にふさわしいのか、手さぐりの、というより考える余裕も能力もない時代であった。

日本が近代化・産業化を開始した一九世紀の第四・四半期、中世以来の伝統を持つ欧米諸国の大学は、国によって組織や機能が異なる多様化の時代を迎えつつあった。どの国の、どのような大学をモデルにしたらよいのか。日本はそれを考える暇もないまま、差し迫った人材養成の必要性に応えるため、近代化・産業化の最前線で、各省庁がそれぞれに外国人教師を雇って学校を創り、教育を開始したのである。

東京大学では、主としてイギリス人・アメリカ人が英語で法・理・文の三分野の学問を教え、医学部ではドイツ人教師が独語で医学・薬学を教えていた。他省庁立の学校でいえば、司法省法学校はフランス人がフランス法を、工部大学校はイギリス人が工学を、札幌農学校はアメリカ人が農学を、東京農林学校はドイツ人が農学をというように、学校によって教師と学問の「国籍」が違い、教授用語ももちろん異なっていた。慎重にモデルを選択するどころではない、混乱した状況にあったことが知られる。

明治一〇（一八七七）年の東京大学発足の頃、医学部にエルウィン・フォン・ベルツというドイツ人教師がいた。『ベルツの日記』（岩波文庫）で知られているが、その中には、こんな一節がある。

〔東京大学の設置という〕改革を決定したとき、関係官庁の念頭にあったのは、明らかに一種のドイツ式大学であった。そこでとにかく四学部が設けられた。このうち、われわれの学校は医学部を構成し、一方開成学校は他の三学部、すなわち理、文、法の各学部を引受けるのである。最初のうち、われわれは想像した――方針はわれわれと反対であって、今度はわれわれのところにも英国式が採用されるのだと。（中略）滑稽《こっけい》なことには、あとでわかったのだが、開成学校の方でも自校に反対の方策であると思っていたのである。（中略）名称が変った以外には、今までのところ、何もなかったからである。

東京大学の発足の頃にはまだ、大学は「総合大学」でなければならないという程度の理解しかなかったことがうかがわれる。それに比べて帝国大学は、考え抜かれた選択の結果として創られた大学であった。

最初の帝国大学

この時期、ベルリンをはじめとするドイツの大学が、世界最高の教育研究水準で知られていた。欧米諸国の留学生もドイツに集中していた時代である。明治一五（一八八二）年、憲法調査のためにヨーロッパに渡った伊藤博文《いとうひろぶみ》は、そのドイツの大学が、何よりも国家の大学であることを学んで帰国した。明治一八年に初代内閣総理大臣に就任し、森有礼を文部大臣に任命して帝国大学の創設にあたらせたのは、他ならぬその伊藤である。

明治一九年、政府は「小学校令」「中学校令」「師範学校令」「帝国大学令」という四つの学校令を公布したが、その「帝国大学令」第一条の「国家ノ須要ニ応スル学術技芸ヲ教授シ及其蘊奥ヲ攻究スル」ところだという規定は、モデルをドイツにとったことの明確な表現といってよい。

東京大学を核に司法省法学校、工部大学校を統合して発足したその帝国大学には、法・医・工・文・理の各分科大学（のちに学部）が置かれ、研究の役割を担う大学院も設置されることになった。明治二三年にはこれに農商務省の東京農林学校が農科大学として加えられ、札幌農学校を除いてかつての「グランゼコール」は姿を消す。

こうして東京大学は、新興日本帝国の、唯一最高の学府としての「帝国大学」へと変身を遂げた。教授は国家の高級官僚としての身分を保証され、筆頭分科大学とされた法科大学の卒業生には、高級官僚への無試験任用の特権が認められた。文部省予算の半分近くが、帝国大学一校につぎ込まれていた時期もある。追々見ていくが、その帝国大学には、大学予科としての高等学校、講座制、特別会計制度など、特権的な地位を保証するさまざまな、独自の「装置」が用意されていた。帝国大学は国家の手厚い庇護《ひご》のもとに、国家を代表し国家に奉仕する大学として、発展の軌道をたどり始めるのである。

帝国大学が、ドイツの大学の忠実なコピーではなかったことも、付け加えておくべきだろう。なによりも、そこにはドイツの大学にはない工学が、発足の時から分科大学の一つに加えられていた。四年後には、さらに農科大学が加わる。近代化・産業化を急ぐ「国家ノ須要」に応える、いわばキャッチアップ型・途上国型の大学、それが帝国大学であった。

京都——第二の帝国大学

先に触れた明治五（一八七二）年の最初の総合的な教育法規「学制」を見ると、日本列島を七ないし八のブロック（大学区）に分け、それぞれに大学を置く構想が早くからあったことが知られる。

まず東京に大学を置いたら、次は関西ということになるが、候補地として最終的に選ばれたのは京都であった。大阪ではなく京都が選ばれた理由の一つは、第三高等学校の存在にある。

帝国大学制度と切り離せぬ関係にある高等学校制度については、あとで詳しく述べるが、帝国大学の創設と同じ明治一九年から翌二〇年にかけて、帝国大学進学者の準備教育の場（大学予科）として、全国に第一から第五まで、五校の高等学校（当初は「高等中学校」と呼ばれていた）が設置された際、第三高等学校の設置場所に選ばれたのが京都であった。

その高等学校には大学予科だけでなく、専門学部を置くことができるとされており、実際にすべての高等学校に医学部が付設されていた。第三高等学校にはそれだけでなく、法学部・工学部も置かれていた。つまり五校の高等学校のなかで、三高は早くから準大学的な性格を与えられていたことになる。第二の帝国大学は、その三高の専門学部の存在を前提に、京都に設置されるのである。

第二帝国大学設置の構想が本格化するのは、日清戦争（一八九四〜九五）の頃である。当時の文部大臣は西園寺公望《さいおんじきんもち》であったが、牧野伸顕《まきののぶあき》次官の「京都第三高等学校ヲ拡張シテ、京都帝国大学トナシ、法医工文理ノ五分科大学ヲ置クモノトシ、漸次、各分科大学ノ設備ヲ整へ、以テ東京ノ帝国大学ト対立セシメ、関西最高教育ノ府ニ充」てることを求めた、明治二七年頃の文書が残っている（『明治文化資料叢書《そうしょ》』第八巻）。実際に設置が決まったのは、明治三〇年になってからであった。

その京都帝大の設置だが、日清戦争で多額の賠償金を手に入れた後とはいえ、資金の調達は容易ではなかった。三高を移転させてその校地・校舎を利用し、まずは理工科大学（明治三〇年）から発足して明治三二年に法科・医科大学を加え、三九年にようやく文科大学の開設にこぎつけた。理工科が理科と工科に分かれ、五分科大学の編成になるのは、大正三（一九一四）年になってからである。出発点では実質的に単科大学であり、当初構想通りの総合大学になるまでに、一七年もかかったことになる。

貧弱な資源

時間がかかったのは、政府の財政困難のためだけではない。初代総長に就任した木下廣次《きのしたひろじ》は、司法省法学校からフランスに留学し、帰国後法科大学教授や一高校長を務めた人物だが、近代化の後発国で新たに大学を創る難しさを、当時の有力な教育情報誌『教育時論』の記者に切々と語っている。

ヨーロッパの大学設立の様子を見ると、「何々大学と称する者に在りては、先其《まずその》大学たるの実があつて、初めて大学の名を被《かぶ》らしむる」から、すでに施設設備が整い、「図書も沢山あり、又は教師も揃《そろ》つて居る」。ところがわが国では、大学を設立したとはいっても、中に入ってみれば「図書、器械、標本等の設備、はなはだ不完全」で、教育研究どころではない。なによりも教授が決定的に不足している。「適当なる教官なしとて、狼狽《ろうばい》して外国留学生を派遣するが如き」は、「盗賊を捉《とら》へて縄を綯《な》ふ」ようなものではないか。

困難は、最初の（東京）帝国大学の場合も同じであった。助走期間にあたる東京大学と各省庁立の専門学校の時代、教員のほとんどは外国人であり、各学校は競って諸外国に留学生を送り、日本人教授の養成に努めた。東京帝大の設立は、前身校の施設設備を引き継ぐだけでなく、その留学生たちが西欧の最先端の学問を学び、専門教育を担当する力量を身につけて帰国し、順次外国人に代わって教授に就任することで初めて可能だったのである。

京都帝大の挑戦

「泥縄的」かどうかは別として、京都帝大の場合にも、東京帝大の卒業者の中から選ばれた教授候補者たちが次々に欧米諸国、とりわけドイツに送られた。東京帝大の前身校の卒業者たちが、主としてイギリス・アメリカ・フランスと、ドイツ以外の国に送られたのとは、大きな違いである。つまり、第二の帝国大学は、世界最高といわれたドイツの大学で学び、そこでの教育と研究の実態に触れた、新しい世代の教授たちを担い手とすることになった。そして帰国した彼らは、母校である東京帝国大学とは異なる、ドイツの大学の現実により近い、新しい帝国大学の建設を目指すのである。

　彼らが学んで帰ったのは、「大学と国家」ではなく、なによりも「大学と学問」の関係であった。ドイツの大学は、ただ専門教育を授けて実用的な人材を養成するところではない。教育と研究が一体化した「学問其物ノ養成所」であり、それゆえに「教授・学修・転学」の自由を中心に、大幅な自治を認められている。新しい帝国大学はそのような大学でなければならない。ドイツ帰りのゆえに、「ベルリン党」と呼ばれた高根《たかね》義人《よしひと》ら法科大学の四人の教授は、とりわけ革新的であり、東京帝大とは異なる法学教育の実現を目指した。

彼らが構想した新しい法学教育の内容は、潮木守一《うしおぎもりかず》の『京都帝国大学の挑戦』に詳しく紹介されている。いまふうにいえば、法学と政治学という学科の壁の除去、ゼミナール制の導入、卒業論文の義務付け、学年制に代わる科目制の採用、科目選択の自由化などがそれである。どれも東京帝大が実施していなかった「教授と学修の自由」を前提とし、教育と研究の統合を目指す改革である。

試験重視からの脱却

当時の東京帝大の法学教育は、試験づくめで知られていた。厳格な学年制で履修科目は学年ごとに配分され、学年末の試験で全科目に合格しないと次の学年への進級が認められない。しかも不合格が一～二科目でも、次の年はまた全科目の試験を受けなければならない。落第を二年続ければ自動的に退学という厳しさであった。それだけでなく、高級官僚への無試験任用の特権が批判にさらされ、明治二五（一八九二）年を最後に廃止になっていたから、卒業後に難関で知られる高等文官試験が待ち構えていたことも、付け加えておくべきだろう。

それに対して京都帝大の科目制では、学生は科目ごとに履修登録をし、試験に不合格の科目だけを再履修すればよく、全科目に合格すればいつでも卒業試問を受けて卒業できる。修業年限も東京帝大では四年と決められていたが、京都帝大では「三年以上六年以内」と緩やかに定められていた。「学修の自由」を基軸とした教育は、東京帝大の試験重視の法学教育に対する、まさに「挑戦」だったのである。

挫折と対抗性

しかし、この挑戦は短期間で挫折《ざせつ》を余儀なくされる。自由な学修では、卒業者が高級官僚への登竜門――高等文官試験に合格できなかったのである。高級官僚がエリート中のエリートと見なされていた時代である。開学時に自由な学風を慕って多数集まった学生も、数年後には激減し、定員を満たすに至らなくなった。明治四〇年代に入る頃には、改革のほとんどは骨抜き状態になっていた（『京都帝国大学史』）。

ただ、それで第二帝大としての京都帝国大学が期待され、目指した対立的・対抗的な性格が失われたわけではない。明治三六（一九〇三）年に斬馬剣禅《ざんばけんぜん》の筆名で当時の『読売新聞』に連載された、「東西両京の大学」という記事の中で、記者は二つの帝国大学を対比させて次のように書いている。

「活動的」で「世俗的なる東京」と「静止的、出世間的なる西京」という違いが、「東西両京の大学の上に影響を及ぼし、東京大学をして、実用的人物輩出をその特徴となさしむると同時に、西京大学をして学者的人物に傾かしめんとするの勢い」がある。「故に東京大学はむしろパリ大学の学風に類し、京都大学は大いにベルリン大学の面影を映せり。もし前者をしてエール大学のそれならしめば、後者は確かにハーバード大学の趣をとれるもの」である。「他日、京都大学設備の完成を告げて、法文医工の四大学の設立を見るに至らば、もっとも異彩を放つのは文科大学」であり、「東京大学は法科を以て鳴り、京都大学は文科を以て聞え」ることになるだろう（斬馬剣禅『東西両京の大学』）。

京都帝大文科大学の発足は明治三九年である。まだ姿のない文科大学だが、その後の哲学や東洋史学を中心とした、いわゆる「京都学派」の形成と発展を考えれば、的を射た予言であったというべきだろう。第二帝大に期待された学問の府としての対抗性は、その後も脈々と引き継がれていくのである。

第二章　列島の南北へ――東北・九州・北海道

明治三〇年代の「八年計画」

戦前期の日本では大学、とりわけ帝国大学の新設は大事業であった。それがいかに困難に満ちていたかを、表2－1が物語っている。その理由は何よりも財政難にあった。

第一帝大である東京帝大は別格として（それでも十数年の助走期間が必要だったが）、第二の京都帝大は、明治三〇（一八九七）年の創設から理工科大学が理科と工科に分離して、五分科大学になる大正三（一九一四）年まで一七年、農学部が開設されて東京帝大と同じ編成になる大正一二年までだと、実に二六年かかった計算になる。ところがその京都帝大が理工・法・医の三分科大学になったばかりで、まだ文科大学が開設されていない明治三二年に、第三・第四の帝国大学創設の話が持ち上がった。

明治三〇年代は日清戦争を経て産業化の進展が本格化し、また中学校卒業者が急増して上

表２－１　帝国大学と分科大学・学部の新設過程

東　京	明治19（1886）年創設	
	明治19年	法・医・工・文・理
	明治23年	農
	大正８年	経済
	昭和17年	第二工
京　都	明治30（1897）年創設	
	明治30年	理工
	明治32年	法・医
	明治36年	医（第二、福岡。明治44年に九州帝大に移管）
	明治39年	文
	大正３年	理・工の分離
	大正８年	経済
	大正12年	農
東　北	明治40（1907）年創設	
	明治40年	理・農（大正７年、北海道帝大に移管）
	大正４年	医
	大正８年	工
	大正11年	法文
九　州	明治43（1910）年創設	
	明治44年	工・医（京都帝大より移管）
	大正８年	農
	大正13年	法文
	昭和14年	理
北海道	大正７（1918）年創設	
	大正７年	農（東北帝大より移管）
	大正８年	医
	大正13年	工
	昭和５年	理
大　阪	昭和６（1931）年創設	
	昭和６年	理・医（府立大阪医科大学の移管）
	昭和８年	工（官立大阪工業大学の移管）
名古屋	昭和14（1939）年創設	
	昭和14年	理工・医（官立名古屋医科大学の移管）
	昭和17年	理・工の分離

『文部省年報』各年度より作成

級学校進学熱が高まりはじめた時代である。当時の山県有朋《やまがたありとも》内閣はその受け皿として、明治三三年から四〇年の八年間に帝大二校だけでなく、工・商・農の実業専門学校を含む官立高等教育機関の大量新増設を行うという、いわゆる「八年計画」をたてた。

問題は資金である。これまで京都帝大を例外として、政府は地方に高等学校や実業専門学校などの官立学校を新設するにあたって、校地の購入や校舎の建築等に必要な費用については、地元負担を求めるのを原則にしてきた。政府が新設計画を発表すると、各府県が競って創設費の負担を申し出て学校の誘致運動を展開する。それが戦前期を通じて踏襲されてきた、官立学校新設の基本的な方式である。そして、明治三二年の二帝大新設計画の場合も、方式通りの展開を見せることになった。

九州・東北帝大の誘致運動

この方式で重要なのは、なによりも設置の場所である。東京・京都の次はどこに帝国大学を置くのか。関東・関西の次なら（中国・北陸もあるが）、東北・九州が順当なところだろう。政府は早速、内々に宮城県に働きかけを始めている。運動の開始から誘致の成功に至る創設の経緯は、どの帝大の校史にも詳しく触れられているが、『東北大学五十年史』はそれを以下のように記している。

〔当時の文相樺山資紀《かばやますけのり》は〕明治三一〔一八九八〕年のうちに文部行政部を通じて宮城県に対して、大学設置のことを訓令し、二五万円の寄附を求めた。宮城県会は喜んでこの計画に賛成し、二五万円の寄附を快諾した。ところが文部省はそれでなお不足とし、追って三五万円に増額することを要請した。県の財政は困窮していたけれども、県民の大学設置の希望は強く、その増額をも受諾したのであった。ときに九州地方に於いては、八《や》幡《はた》製鉄所を有して隆々たる福岡県と、長き洋学の伝統をもつ長崎県が名のりをあげ、ともに五〇万円の寄附を申し出ている。また熊本県は、五高が工学部を附置し、一高・三高につづく実質のある学校であることを地盤に、大学設置を運動し、土地の寄附を申し出ている。東北地方は貧困ではありながら、之《これ》に劣らぬ情熱を示しているのである。

九州帝大については福岡・熊本・長崎の三県が誘致運動を展開したが、東北帝大の設置場所は宮城県でほぼ決まっていたことがわかる。

ただ、東北帝大については札幌農学校との関係をどうするかという、別の問題があった。札幌農学校は、開拓使所管の官立学校として明治初期に創設され、農商務省や内務省を経て文部省直轄の実業専門学校になっていた。制度上は専門学校とはいえ、その起源はいうまでもなく、教育の年限・内容についても帝国大学と肩を並べる水準にあり、卒業者には専門学校としては例外的に「学士」の称号が認められていたから、計画が発表されるとたちまち北海道でも、帝国大学への「昇格」運動が展開されることになった。

こうして、激しい誘致合戦が展開されたものの、財政難を理由とした大蔵省の強い反対で、「この計画は中絶してしまった。大学の経営は単に一時の寄附金のみで賄い得るものではなく、連年多額の出費を予定しなければならず、京都大学の建設もまだ緒についたばかりであったからである」(『東北大学五十年史』)。

しかし現実に中学校卒業者の数が増え、上級学校進学熱は高まる一方なのだから、火がついた誘致運動が簡単に収まるはずもなく、帝国議会には繰り返し帝国大学設置を求める建議案が提出され、可決されている。それでも政府は設置に踏み切れずにいたが、明治三四年、前東京帝大総長の菊池大麓《きくちだいろく》が文部大臣に就任すると、ようやく話が進みはじめた。「菊池は就任当初、既設大学完成説をとなえて増設に反対していたが、間もなく熱心な増設論者にかわり、文部省事業中の一部を中止してでも九州大学を設置するという意気込みで、大蔵省との予算折衝」に臨んだ。その結果、九州に医科大学を設置することが、三五年度予算で認められることになった(『九州大学五十年史』通史)。

京都帝大福岡医科大学

場所はともかく、なぜまずは医科大学だったのか。文部省の説明理由は高等学校との関係にあった。あとで詳しく述べるが、当時の高等学校は純然たる大学予科であり、第一部（法・文）、第二部（工・理・農）、第三部（医）の三部に分かれ、卒業者全員に帝国大学への進学が保証されていた。その予科第三部・医科進学課程の卒業者が明治三六（一九〇三）年に三〇〇人を超えるのに、東京・京都の医科大学の収容力は二〇〇人分しかない。なんとしても医科大学の新設だけは実現しなければならない。文部省も切羽詰まっていたことがわかる（『九州大学五十年史』通史）。

その医科大学については福岡・熊本・長崎の三つ巴《どもえ》の誘致合戦になったが、設置場所は福岡に決まった。熊本にはすでに工学部を置く第五高等学校があり、長崎にはその五高の医学部が立地しているうえ、高等商業学校の誘致をはかっていたことも、考慮されたのかもしれない。創設費は約一三〇万円、福岡県は五〇万円の寄附金の他、県立病院を差し出しての医科大学新設であった。

こうして設置は決まったものの、難題はまだあった。一つは、帝国大学は総合大学でなければならないという、「帝国大学令」の規定である。規定を変えるのは容易ではなく、といって医科の他にさらに分科大学を新設することは、予算上許されない。窮した政府は京都帝国大学の軒を借り、京都帝大福岡医科大学とするという便法で、問題解決をはかった。

東北帝大という難題

もう一つの難題は、東北帝大構想との関係である。

東北・九州の二大学設置ということで早くから打診があり、内諾して寄附金の額も増やし「情熱」を示したのに九州だけとは何事かというので、宮城県を中心に東北地方選出の代議士たちが強く反発した。あらためて「東北大学設置建議案」を提出する、福岡医科大学のみの予算案の削除を求めるなど、反対運動を展開したが、菊池文相は「自分の在任中は絶対に東北大学は設置しないと言明」し、代わりに高等工業学校を仙台に設置することを約束して、収拾をはかった（『東北大学五十年史』）。

先の『九州大学五十年史』の記述にもあったが、実は菊池は巨額の資金の必要な帝国大学の増設には消極的であり、年限が短く教育コストの低廉な専門学校、とくに実業専門学校の拡充をはかるべきだという意見を持つ「低度大学論者」・「専門学校論者」であった。「専門学校令」（明治三六〔一九〇三〕年）を公布し、早稲田・慶應をはじめ一部の私立専門学校に、「大学」の名称を認めることで、この頃盛んになりはじめていた大学昇格熱の抑え込みをはかったのも菊池文相である。それだけでなく現実問題として、明治三七年の日露開戦を控えて、政府には実業専門学校を含めて教育関係の新事業を推進する余力は残されていなかった。第三・第四帝大の新設計画は、完全に頓挫《とんざ》してしまったのである。

ちなみに誘致運動との関連でいえば、帝国大学に代わる実業専門学校の新設構想は日露戦争後に、長崎高等商業学校（明治三八年）、仙台高等工業学校（同三九年）、熊本高等工業学校（同年、五高工学部の独立）として実現されることになる。

古河家の寄附金

日露戦争が終結したあと、明治三九（一九〇六）年になって、九州・工科、東北・理科、それに札幌・農科の三分科大学の創設予算が、再び帝国議会に提出された。

このうち札幌の農科大学は札幌農学校の昇格である。同校の昇格運動は、「八年計画」の頃から始まり、明治三三年には「北海道帝国大学設立の請願」や「札幌農学校を大学と為すの建議案」が、それぞれ帝国議会に提出され採択・可決されている。運動は、初めは単独の北海道帝大設立を目指すものだったが、総合大学主義のもと、政府の当初計画である東北・九州帝大の新設自体が難航するなかで、次第に東北帝大農科大学論に変わっていった（『北大百年史』通説）。福岡医科大学の場合と同様の方式である。

明治二三年に東京帝大農科大学になった東京農林学校よりも早く設立され、しかも同格・

同水準の学校だったことからすれば、札幌農学校の農科大学への昇格は、文部省にとっても想定内のことであったに違いない。復活した二帝大創設の構想は最初から、東北帝大に札幌農科大学を加えることを想定したものであった。

しかし、この二帝大・三分科大学の新設についても、大蔵省は予算を認めようとしなかった。その再び頓挫しかかった計画を救済し、実現させたのが古河《ふるかわ》家からの寄附であり、仲立ちしたのが内務大臣の原敬《はらたかし》であったことは、よく知られた話である。

原は古河合名会社の副社長を務めたことがあり、大臣就任後も古河家の相談役を務めていた。当時、その古河財閥は足尾《あしお》銅山の鉱毒事件で社会の厳しい批判を浴びていた。原は世論を和らげる一策として、古河家に「公共的献費」を求め、それを二帝大の創設に結びつけたのである。古河家は三分科大学の創設に、総額一〇四万円（九州工科四〇万円、東北理科二四万円、札幌農科四〇万円）を寄附することになった。一私人の「寄附により帝国大学が設立されるのは実に破天荒のこと」であったと、『東北大学五十年史』にはある。ただ、この他にも福岡県他三四万円、宮城県一五万円、札幌区一〇万円の、地元からの寄附があったことを付け加えておこう。

「国家ノ須要ニ応スル」大学だが、国費だけで設立されたわけではなかったのである。

東北・九州両帝大の発足

こうして、明治四〇（一九〇七）年に東北帝国大学が理科・農科、明治四三年に九州帝国大学が医科・工科の、それぞれ二分科大学を置いて発足することになった。純然たる新設は理科・工科の二分科大学だけということになるが、八幡製鉄所を中心に一大工業地帯が形成されつつあった九州の工科は当然として、東北の理科にはどのような理由があったのだろうか。

『東北大学五十年史』は、二つの理由を挙げている。一つは当時の文相牧野伸顕の存在である。「牧野は京都に分科大学を設置した人。総合大学を設立するならば、すでに農科・医科などの存在するところはやむをえないが、新しく理科系から創るとすれば、理科系の基礎学たる理科大学から始めるべきだと主張した」とされる。もう一つは四校に増える帝国大学の、分科大学間のバランスである。四帝大あわせて法科と文科が各二、医科と工科が各三、農科も二になるのに、理科だけが一では「均衡を失う」というのである。なお、京都は理工科といっても工科が主体であった。「基礎的な学問としての理科は、土地の条件を考える必要がない。「仙台理科大学はいわば上からの帝国大学の構想によって創られたもの」だと、同校史は述べている。

いずれにせよ、東北の理科、九州の工科というそれぞれの看板分科大学が、こうして発足する運びとなった。新分科大学の創設には創立準備委員があたることになっており、両大学とも、委員は東京帝大教授の中から任命された。教授に選任されたのも、ほとんどは東京帝大の卒業者たちであった。京都帝大は設立からまだ日が浅く、東京帝大以外に教授の供給源はなかったのだから、当然といえば当然だろう。『九州大学五十年史』は「九大工科は東大を母体にして誕生したといえる」と書いている。最初にして唯一の大学であった東京帝大は、七兄弟の長兄であると同時に、母親的な役割を果たしていたことになる。

北海道帝大の独立

明治四〇（一九〇七）年、札幌農学校からの昇格を果たした東北帝大農科大学の開学式祝辞で、牧野伸顕文相は「札幌農学校は北海道に於て成功したるものの最も大なるもの」であり、「農科大学の成立は実に他日独立の北海道大学を成立せしむべき基礎」であると述べている（『創基五十年記念　北海道帝国大学沿革史』）。いずれは軒を借りている東北帝大から分離して独立の帝国大学にという構想が、早くから政府の側にもあったことがうかがわれる。そのためには、まず東北帝大に新しい分科大学が増設されねばならない。東北帝大に医科大学が新設され、農科大学の独立、北海道帝大創設への最重要の障害がなくなったのは、大正四（一九一五）年のことであった。

東北帝大発足と同時にその附属医学専門部とされた旧仙台医学専門学校（前身は第二高等学校医学部）を基礎に、医科大学を新設する構想は早くからあり、宮城県や仙台市は、医科大学の附属病院への移管を想定して県立病院の整備をはかり、さらに四〇万円の寄付金を用意して、早期実現を求めていた。その実現とともに、北海道帝大の設立運動も本格化するのである。

早くも大正三年には北海道の地元紙に、開道五〇年にあたる大正七年までに農科大学を分離独立させ、「理工科若《も》しくは医科或《あるい》は法科文科の一乃至《ないし》二科を措置」して、北海道大学を創設することを求める社説が掲載されている（同前）。

仙台より北には、医科大学も医学専門学校もない。新設要求は医科大学に絞られ、道庁長官や札幌区長らに大学関係者を加えて、帝大誘致運動は盛り上がった。創設に必要な費用は、農科大学の所有地の売却や、地元、それに財界の寄附で全額賄い、国庫に負担を及ぼすことはないという条件で、帝国議会で予算が承認されたのは大正六年のことである。実際には創設費が総額三八三万円に達し、大学所有の土地の売却収入や地元負担、寄付金等は一七八万円にとどまったが、それでも、ほぼ半分が国費以外の資金で賄われた計算になる。なお、帝国大学の中で唯一設置されることになった北海道帝大の「大学予科」は、札幌農学校の予科を継承したものである。予科の存在は、同大学の起源が札幌農学校にあることを象徴するものに他ならない。

こうして、大正七年の農科と、翌八年開設の決まった医科の二分科大学を置く北海道帝国大学が発足し、帝国大学の数は五校に増えた。以後しばらくは、この五校の拡充整備の時代が続くことになる。

第三章　拡充と増設――大阪・名古屋

「大学令」の公布

大正七（一九一八）年は、わが国の大学の歴史の中で、きわめて重要な年である。この年の一二月に「大学令」が公布され、帝国大学による大学の独占体制が崩れることになったからである。大正民主主義といわれるが、たしかに大正時代は、高等教育についても「民主化」の時代であった。総合大学主義・官学主義をとり続けてきた政府が、ついに帝国大学以外の官公私立大学の設置を認めざるをえなくなったのだから。

それ以前にも一部の私学に「大学」を称することが認められていた。しかしそれら「私立大学」は、法制上はあくまでも「専門学校」であり、たとえば「私立早稲田大学」のように、校名に必ず「私立」を冠することを求められる厳しさであった。官立専門学校のなかにも東京高等商業学校のように、明治三〇年代の初めから「商科大学」への昇格を求めて運動を展開した学校がある。しかし、政府は認めようとはしなかった。

「学制改革論議」と呼ばれた、帝国議会内外での激しい議論の末、ようやく単科大学を含む官公私立大学の設置を認める「大学令」の公布で決着がついたのが大正七年である。「帝国大学令」は若干の改正はあったが、そのまま残されたから、わが国の大学制度は、大学令に準拠する官公私立大学と、帝国大学令による帝国大学とから構成されることになった。翌年以降、帝国大学以外の官公私立大学の設置が始まるが、事実上そのすべてが専門学校からの「昇格」校であり、大多数は単科大学であった。

高等教育拡張計画

大正期はまた、第一次世界大戦のもたらした好況により産業化が急進展し、国民の所得水準が上昇するとともに、上級学校進学熱がこれまで以上に高まった時代である。民主化の波に乗って政党内閣が出現し、首相に就任した原敬は、大幅に増加した財政収入を基盤に官立高等教育機関の拡張計画を打ち出した。大正八（一九一九）年からの六年間に皇室からの内《ない》帑金《どきん》一〇〇〇万円を含む四四〇〇万円を一挙に投じて、単科大学六校、高等学校一〇校、実業専門学校等一九校を、帝国大学については四学部を新増設するという大計画である（帝国大学の分科大学は「大学令」の公布とともに、「学部」に名称変更された）。

この計画に基づいて大正期に設置されたのが、東京商科大学（旧高等商業学校）、新潟・岡山・千葉・金沢・長崎の各医科大学（旧医学専門学校）である。その後、昭和期に入ってさらに東京・大阪の工業大学（旧高等工業学校）、神戸商業大学（旧高等商業学校）、熊本医科大学（県立からの移管）、それに高等師範学校を母体にした東京・広島の文理科大学が加わった。なお公立では大正期に大阪・愛知・京都府立・熊本の四医学専門学校が医科大学に、昭和期に入って市立の大阪高等商業学校が商科大学に、それぞれ昇格を果たしている。これら官公立の単科大学の一部は、後で見るように大阪・名古屋の両帝大の創設に深いかかわりを持つことになる。

帝国大学の整備

拡張計画の一部として、帝国大学の整備にも拍車がかかった。

実は、帝国大学の整備の動きは拡張計画の発表以前から、そこに組み込まれた四学部新設計画とは別の形で、すでに始まっていた。表3-1は、学部の新設を年度別に見たものだが、大正八（一九一九）年に一挙に五学部が開設されている。これら五学部はそれぞれ大正期の初めには新設に向けて動きだし、準備が進められていたものである。

北海道帝大の医学部については、前章で述べた。東北帝大の工学部新設は明治四〇（一九

表3－1　帝国大学の整備拡充（大正8年以降）

大正8	東京・経済　京都・経済　東北・工　九州・農　北海道・医
大正11	東北・法文
大正12	京都・農
大正13	九州・法文　北海道・工
昭和5	北海道・理
昭和6	大阪・理　（大阪・医）
昭和8	（大阪・工）
昭和14	名古屋・理工　（名古屋・医）
昭和14	九州・理
昭和17	東京・第二工　名古屋・理

カッコ内は他大学・学部の移管

〇七）年の大学発足時に、旧仙台高等工業学校を附属工学専門部として統合した時から予定されていたが、工業未発達の東北に工科大学は不要との意見もあり、なかなか進展を見なかった。「あまり実用的に過ぎないような学術的工科大学をつくる計画」で、当面理科大学のなかに応用化学科を置き、教授候補者を工学専門部から留学に送り出すなど、準備を進め、大正八年になってようやく実現に至った（『東北大学五十年史』上）。

九州帝大の農学部は大正四年、当時の真野文二《まのぶんじ》総長が新聞談話で、その必要性を主張したのが始まりとされる。農科大学は寒冷地の北海道と中央地の東京にすでにあるが、研究上、暖地にも必要ではないか。また九州帝大にはすでに医科・工科が置かれているが、農科はたとえば獣医や土木等と密接な関係にある。「三者を合致する事は綜合《そうごう》大学として最も必要」だというのが、真野の主張の骨子であった。この談話は大きな反響を呼び、たちまち福岡だけでなく佐賀、熊本に鹿児島まで加わって、農科大学誘致運動が展開されることになった。軍配は県議会が一三五万円の寄附を決議した福岡県にあがり、大正七年初めに設置が決定している（『九州大学五十年史』通史）。

経済学部の新設

東京・京都の両帝大の経済学部は、法科大学に置かれていた学科が分離独立したものである。それには先に触れた東京高等商業学校の商科大学への昇格運動が、大きなかかわりをもっていた。

経済学部の基礎になった経済・商業の二学科が、東京帝大法科大学内に開設されたのは明治四〇年代の初めである。当時、この二つの専門領域では東京高商が先行しており、「専攻部」と呼ばれる高度の教育課程を置き、卒業者には学士の称号を認めるなど、同校は札幌農学校とともに帝国大学と肩を並べる地位を占め、昇格運動を展開してきた。しかし、総合大学主義に固執する文部省は昇格を認めず、逆に大正二（一九一三）年には東京帝大に商科大学の設置を要請し、東京高商には専攻部の廃止を求めたことから事態は紛糾した。

法科大学教授会は、当初は商科大学の設置要請に消極的だったが、大正四年頃になると一転して「経済科大学」創設論が優勢になった。『東京大学百年史』はそれを「教授会内部からの『経済科大学独立』案が、学外起源の『商科大学独立』案にとって代った」と表現している。東京帝大側が積極姿勢に転じたわけだが、今度は財政的な問題や法制局の審議などもあって政府の予算提出が遅れ、大正六年には業を煮やした高野岩三郎《たかのいわさぶろう》ら教授の一部が辞職を申し出る騒ぎになった（『東京大学百年史』部局史一）。

こうしてなんとか大正八年の経済学部発足の運びになるのだが、紛糾の元になった東京高商もその時には商科大学への昇格を認められていたのだから、皮肉な話である。なお東京商科大学にも、高等商業学校以来の歴史を物語るものとして大学予科が置かれていた。

教養主義と法文学部

さて、原内閣の「拡張計画」である。そこに挙げられた新設学部は、京都帝大・農、九州帝大・法、東北帝大・法、北海道帝大・工の四学部である。計画に沿って、大正一一（一九二二）年から一三年にかけて順次開設されたが、注目されるのは法学部ではなく法文学部として発足した、九州・東北両帝大の二学部である。

前章でもふれたことだが、高等学校と帝国大学とは不可分の関係で結ばれていた。高等学校卒業者全員に、帝国大学への進学を約束する建前になっていたからである。それがあくまでも建前にすぎず、実際の両者の接続関係が複雑であったことはいずれ述べるが、文部省としては約束を守る義務があった。高等学校の入学定員は制度の創設以来、ほぼ文科・理科同数と定められており、それは帝国大学についても、理系と文系の入学定員が同数でなければならないことを意味した。

ところが、これまで見てきたように、分科大学の新設はもっぱら理系が主体であり、「大学令」公布後の単科大学の設置も、医科を中心に進められてきた。これに対して文系学部は、東京・京都の両帝大に文・法の各二学部があるだけで、新設の経済学部も法学部から分離・独立したものである。「計画」では高等学校の大量新設が予定されていたから、文・理のバランスをとるためにも、理系だけの他の帝大に文系学部を新設することが、どうしても必要だったのである。

『東北大学五十年史』によると、同大学の文系学部設置構想は大正七年頃からあり、しかもそれは「かつての京都理工科大学」のような「法科と文科を合せ」た、重点を文科に置く「法文科大学」であった。しかし、文部省はこの構想に乗り気ではなく、「計画」には法学部の設置が示されることになった。それが「法文学部」になったのには、「大正教養主義」の影響があったことが、『九州大学五十年史』の記述からわかる。

法学部設置の予算案が提出されると、貴族院で「法学士は幅広い教養を持つべきだという観点」から、従来型とは異なる新しいタイプの法学部を構想すべきだという意見が出され、結果的に「法文学部」になったというのである。「法学部は法律専門の研究にはしり形式主義に流れ、また文学部は兎角《とかく》超越主義に陥り、世情に適せざる余弊」がある、「各極端に走る弊を緩和」できる「法文学部」は理想的ではないかと、それを歓迎する『東京朝日新聞』の記事も引用されている。

その一方で、東北帝大の校史には予算の関係で「法学部・文学部また当時独立しはじめていた経済学部の三学部を新設することは到底でき」ないので、「新らしい理想の名において積極的な意をもたせ、いわば三学部の縮刷版をつくろうとした」にすぎないという、醒《さ》めた見方も示されている。

しかし、理由はどうであれ、法・文・経の三分野からなる新構想の学部が、先発の両帝大とは異なる、新しい教育研究の理想の実現を目指した、あるいは目指さざるをえなかったことは疑いない。なによりも「法文系の学部は、私立大学や商科大学は別として、帝国大学に関するかぎり、約二〇年ばかりの間新設をみなかったので、その間に輩出した英才が野に満ちていた」。法文学部は、清新の気にあふれた出発を遂げたと見てよいだろう。ただその理想を教授や学生たちがどこまで理解し、実現に努力したのかには疑問が残るのだが。

こうして既設校の整備充実、「総合大学化」に力が注がれた帝国大学だが、それを持たない空白地域からの新設を求める声が下火になったわけではなかった。たとえば、明治四四（一九一一）年には「北陸帝国大学」、大正五（一九一六）年には「中国帝国大学」の設立を求める建議案が帝国議会に提出され、採択されている。

しかし、繰り返しになるが問題は国家財政にあった。軍事費が増加の一途をたどるなかで、多額の創設費と維持費を要する帝国大学の新設は容易ではなく、結局はこれまで見てきたように、少なくとも創設費は地元負担に頼らざるをえなかったからである。負担能力の高い富裕な府県でなければ、新帝国大学の誘致は望みがたいことであった。

財政負担の問題は、実は、府県立の大学の場合にも変わりなかった。公立大学の多くが、医科大学であったことはすでに見た通りだが、地方政府にとって、その維持・経営は大きな負担であり、官立移管は関係者の悲願であったといってよい。そして、そうしたなかで大阪と愛知の二府県が医科大学の官立移管、さらには帝国大学化を求めて運動を始めるのである。

まず大正一四年頃から大阪で、府会が「国立綜合大学を大阪に設立し（中略）〔医大を〕其の医学部と為すを、満場一致で以て可決」するなど、府立医科大学を核に帝国大学の設置を求める運動が始まった。昭和年代に入って、官立の大阪高等工業学校の工業大学への昇格が決まると、これを機会に医大の官立移管をはかれば「国費ヲ要セズシテ容易ニ工科、医科ノ二部ヲ有スル綜合大学」を設置できるではないかと、運動はさらに盛り上がった。昭和四（一九二九）年には、大阪には官立工業大学、府立医科大学、それに市立の商科大学と、設置主体こそ違え三つも単科大学があるのだから、「以上ノ各種大学ヲ統一シ、国立大学ヲ本府ニ設置」したらどうかという話まで出てきた。そのためにもまずは府立医大の官立移管を、ということになったのである。

大阪府がこのように官立移管に熱心だったのは、わが国第二の大都市に帝国大学があって当然という思いもさることながら、医大の経営問題が絡んでいたためである。当時、公立医大はいずれも独立採算制を原則としており、施設設備の整備費を含めて多額の借入金を抱え、資金繰りに追われていた。大阪医大の場合、大正一五年時点での借入金は三四〇万円に達している。窮状を放置するわけにもいかず、府はその利子相当の一〇万円の補助金を出していたが、官立の医学部に比べて施設設備や教育研究条件は、貧弱さを免れなかった。「政府に移管の促進を図り、この機会に於て負債全部を、大阪府の一般会計に於て負担することに改むる外科的手術を施すの外、本学財政整理の途《みち》はない」というところまで、追い込まれていたのである（『大阪帝国大学創立史』）。

大阪府が、医科大学の借金を全額肩代わりする、創設費の総額一八五万円を負担する、新設の理学部については創設費だけでなく、経常費の二分の一にあたる一五万円を完成後三年間負担するという条件付きで、なんとか帝国大学の創設にこぎつけたのは昭和六年になってからであった。昭和四年に昇格したばかりの大阪工業大学が工学部として統合され、三学部になるのはさらに二年後の昭和八年のことである。

名古屋――最後の帝国大学

県立医科大学をもつ愛知でも大正末に帝国大学の誘致運動が起こるが、政府が応じる気配はなく、一旦は下火になっていた。それが医大の官立移管の形で再燃したのは、大正一一（一九二二）年に医学専門学校から昇格したものの財政難に苦しみ、内紛を繰り返していた熊本県立医科大学が、昭和四（一九二九）年に官立移管に成功したからである。大阪医科大学もまた念願の帝国大学化を取り付けたことで、運動はさらに活発になった。

愛知県が「十年間は収入支弁に関して政府を煩わさず」の一札を入れるという「必至苦肉の一策」によって、医科大学の官立移管を勝ち取ったのは昭和六年である。県は大学の校地・施設設備の一切を国に寄付するほか、約束通り一〇年間、年間五万円を経常費の一部として負担することになったが、それでもこれまでの一五万円の県費支出からすれば安上がりだというのが、知事の説明であった（『名古屋大学医学部九十年史』）。

官立移行後、教授人事をめぐって紛糾し学長が退任するなどの騒動があったが、それが収まると新学長のもと、医大を核にした帝国大学誘致論が浮上してくる。県知事もまた誘致に積極的であり、文部省への打診を経て、昭和一三年には医・工・理の三学部からなる「県費による総合大学建設案」を作成し、準備委員会を立ち上げるところまでこぎつけた。当時の知事は「愛知県は自然増収で以て、大学の一つくらいできます」と、見えを切ったというが、軍需景気を背景に全国屈指の重工業地帯へと急成長を遂げた愛知県が、理・工学部を置く第七帝大の誘致にふさわしい場所だったことは疑いない。それは日増しに戦時色が濃くなり、科学動員や科学技術者養成の必要性が叫ばれるなかでの誘致運動でもあった。

しかし経常費負担の増加を恐れる大蔵省は、なかなか首をタテに振らず、「創設に要する経費は（中略）其の全額を愛知県において寄附する」ことを条件に、医学部と、将来の分離を見越した理工学部の二学部を置く最後の帝国大学が発足したのは、昭和一四年のことである（『名古屋大学五十年史』通史）。地元が負担した創設費の総額は、九〇〇万円にのぼった。

こうして七つの帝国大学がそろった。これからあと、帝国大学は急激に総力戦体制のなかに組み込まれていくのだが、それについては後の章に譲ることにしよう。

二人の姉妹

主題との関係や資料的な制約から、以下で直接触れるところはほとんどないが、七兄弟の二人の姉妹ともいうべき、旧植民地に設置された京城・台北の両帝国大学についても、ここでその概略に触れておくことにしよう。

朝鮮・台湾の両植民地では、学校教育は各総督府の管轄下に置かれ、それぞれ「朝鮮教育令」・「台湾教育令」のもとに運営されていた。その教育令は、専門学校以外の高等教育機関の設置を認めてこなかったが、大正一一（一九二二）年に改正され「大学教育及其ノ予備教育ハ大学令ニ依ル」という条項が加えられた。文中の「大学令」は、大正七年公布された本土のそれを指しており、これによって二つの植民地にも大学設置の道が開かれることになった。

京城帝国大学

大学令の公布まで本土の場合にも、帝国大学以外の大学の設立は認められていなかったとはいえ、日本政府が植民地の高等教育振興に不熱心であったことは疑いない。朝鮮の場合でいえば、小規模の官立専門学校数校があるのみで、ミッション系の私立専門学校を展開するアメリカをはじめ諸外国から、「日本は朝鮮の統治を行いながら何らの文化的施設をつくっていない。大学一つも設けていないのを見てもその誠意を疑わざるを得ない」と非難される状況にあった。

批判は日本国内にもあり、大正九（一九二〇）年には東京帝大文学部の服部宇之吉《はっとりうのきち》ら五名の教授が連名で、「植民地における文化を研究するとともに、植民地における人々をして文化に浴せしめ融和を図」るためにも、大学を設置すべきだとする建白書が総督府に提出されるなどのことがあった（『紺碧《こんぺき》遥かに――京城帝国大学創立五十周記念誌』）。明治四〇年代に始まった朝鮮人立の私立専門学校を母体にした「民立大学」設立運動の流れもあり（馬越徹『韓国近代大学の成立と展開』）、大学設立の機運が急速に高まりつつあったことがうかがわれる。

こうした動きのもと、朝鮮総督府は教育令の改正を見越して、大正九年頃から大学設置に向けて準備を開始した。当初は官立京城医学専門学校の医科大学昇格案や、官立高等学校の新設案もあったが、最終的に大学予科を置く総合大学案が選択された。独立の高等学校でなく大学予科を選択したのは「高等学校の制に依るときには内地よりの入学志願者の殺到により朝鮮在住者の入学難を来たし、朝鮮に大学を設置するの趣旨を完《まっと》ふすることが難しくなる虞《おそ》れがある」というのが、理由であったとされている。

「朝鮮帝国大学創設委員会」という委員会の名称からも知られるように、総督府が目指したのは総合大学、すなわち帝国大学の創設であった。内閣法制局は帝国大学令によってではなく、大学令による大学としての設立を主張し、名称についても朝鮮帝国大学では、「朝鮮帝国の大学」と誤解されるとして反対し、紛糾したが、「総督府側が名を捨て実をとる形で、名称は京城帝国大学と修正するかわり帝国大学令により設立する線で」決着した（同前）。

こうして朝鮮総督府は、大正一三年の大学予科の開設から始めて、一五年に法文・医の二学部からなる京城帝国大学の設置にこぎつけた。初めから文系学部を置く帝国大学だったことになる。初代総長に就任したのは、先に建白書を提出した中国哲学者の服部宇之吉であった。なお、大学予科は当初二年制だったが、昭和九（一九三四）年に三年制になり、昭和一六年には理工学部が増設されている。

台北帝国大学

植民地経営の一環として大学を設置すべきだという意見は、台湾の場合にも関係者の間に早くからあったが、具体化したのは大正一一（一九二二）年の改正台湾教育令の公布を契機としてのことである。朝鮮の場合と同様、台湾総督府も帝国大学の設立を目指し、その準備段階として大正一一年に尋常科・高等科を置く七年制の台北高等学校の設置に踏み切った。こちらは朝鮮総督府とは別の道を選んだことになる。

帝国大学の開講は台北高校の最初の卒業生が出る昭和四（一九二九）年、発足当初の設置学部は文政・理農の二学部で、昭和一〇年に医学部、一六年に工学部が増設されている。

日本人のための大学か

「文政・理農」という異例の学部名称については、大正一三年から一五年まで総督を務めた伊沢多喜男《いさわたきお》の意向が強く働いたことが知られている。

設置の時期尚早論や実業教育重視論のあるなか、台湾教育の振興にも尽力した著名な教育者の伊沢修二《しゅうじ》を兄に持つ彼が主張したのは、文学部と理学部を置く総合大学としての帝国大学の設置であった。しかし、総督府内には「本質ヨリ論スレハ総督ノ所説誠ニ理アリト雖《いえど》モ、台湾ノ現状ヨリ観察スルトキハ、文理両学部ノミヲ以テシテハ、学生卒業後ノ需要モ少ク、差向キ大学建立ノ効果ヲ薄弱ナラシムル」のではないかという異論があり、「種々検討ノ結果、文科ニ加フルニ法科ヲ以テシ、理科ニ加フルニ農科ヲ以テスルコトニ代替ノ帰結ヲ得」たのだとされる（陳瑜「日本統治下の台北帝国大学について」上・下）。法科はのちに「政科」に変更されるが、基礎と実用の折衷が、特異な学部名称を選択させたことがわかる。

なお、文系学部の設置には「内地の方で非常に反対があった」こと、設置場所は「最初は大学創設の精神から台湾文化の発祥地である台南にしたかったが、情勢により台北」になったこと、また校名は当初「台湾帝国大学」が予定されたが、「日本内地の帝国大学名称と一致するため『台北帝国大学』に改称」されたことなどが知られている。

両帝大の入学定員を、昭和一七（一九四二）年度について見ると、京城二〇〇名（法文八〇、医八〇、理工四〇）、台北一六〇名（文政六〇、理農六〇、医四〇）で、内地で最後発の名古屋帝大の三〇〇名（理工二〇〇、医一〇〇）と比べても、小規模であっただけでなく、とくに台北帝大の場合には、その少ない入学定員を満たすのも容易ではなかった。台北高等学校の卒業者のほとんどが内地の帝大を志望したためであり、台北帝大は工学部新設を控えて、昭和一六年に大学予科の設置に踏み切っている。なお、内地の高等学校からこれら植民地大学に進学する者は、ごく少数であった。

入学者の主流はそれぞれの植民地居住者の子弟ということになるが、昭和一七年の京城帝大の場合、日本人・朝鮮人別の内訳は法文学部六八名（日・三五、朝・三三）、医学部六四名（日・三五、朝・二九）、理工学部五〇名（日・四〇、朝・一〇）となっており、学部によって違いはあるが、全体で一八二名の入学者の六〇％と、多数を占めたのは日本人であった。

また、台北帝大については、昭和一六年の入学者内訳がわかっているが、総数一〇〇名の内訳は、文政学部三三名（日・三一、台・二）、理農学部四八名（日・四七、台・一）、医学部一九名（日・五、台・一四）と、医学部以外はここでも圧倒的に日本人主体であったことが知られる。こうした数字は、朝鮮人・台湾人対象の初・中等教育が低水準にとどめられていたこともあり、植民地帝国大学が実質的に日本人住民のための大学であったことを物語っている。

　敗戦後、二つの植民地帝国大学は廃校となり、日本人学生たちは本土の帝国大学等に転入学を認められ、また教員の多くも日本国内の大学等に移って幕を閉じたが、その遺産の一部はソウル国立大学、国立台湾大学に継承され現在に至っている。

第Ⅱ部　高等学校生活

第四章　予科と教養教育の間

大学という共同体

順調とは言いがたく、また総合大学主義の理念に十分に沿うものではなかったが、こうして明治一九（一八八六）年から五〇年の年月をかけて、わが国を代表する七校の帝国大学が顔をそろえるに至った。

その帝国大学は制度であり組織であると同時に、建造物等の施設設備であり、さらにいえばそこで教育を受ける学生たち、教育研究に携わる教授たちの集団・共同体である。そして大学の生命と実体は、なによりもそうした学問をする者たちの共同体のなかにあるといってよい。帝国大学を宿り場に彼らがどのような生活を送り、どのような教育と研究の場を作り上げていったのか。ここからは人生の一時期を、あるいは大部分を、帝国大学という国家の最高学府で過ごした人々の生態を描くなかで、法令や規則の条文からはうかがい知ることのできない、帝国大学という制度と組織の現実の姿を見ていくことにしよう。

帝国大学予科

まず、学生たちである。

学生たちにとっての帝国大学の物語は、彼らが大学に入学する以前に過ごした、「旧制高等学校」として知られる学校の話から始められねばならない。高等学校（明治二七〔一八九四〕年までは高等中学校と呼ばれていた）は、帝国大学とは別種の独立した学校だが、同時に帝国大学という制度の切り離しがたい一部であり、その存在抜きに帝国大学を語ることはできないからである。

その高等学校だが、現在は東京大学の教養学部になっている旧制第一高等学校の校史を読むと、冒頭の部分に「本校の実質的起源は東京大学予備門にあり、更に遡《さかのぼ》って東京英語学校にあり」と記されている（『第一高等学校六十年史』）。複雑になるので、東京英語学校の話は省くが、帝国大学発足と同時に、その「東京大学予備門」を引き継いだ第一高等学校を筆頭とする高等学校群は一貫して、事実上の帝国大学予科としての役割を果たし続けて敗戦を迎える。

戦後の学制改革で姿を消してから、その高等学校制度の廃止を惜しみ、評価する声は高く、復活運動が起きたこともある。実際にこれから見ていくように、旧制高等学校が帝国大学進学者の、ひいては国家エリートの人間形成に果たした役割にはきわめて大きなものがあった。しかし高等学校、ひいては帝国大学の制度を理解するためには、戦前期を通じてその制度上の位置づけは必ずしも安定したものではなく、揺れ動き、廃止論すら浮上し、人間形成機能にも時代によって変動があったことを、併せて知っておく必要があるだろう。

特異な学校

高等学校は実は欧米諸国に例を見ない、わが国独特の、その意味で特異な学校であった。大学で専門的な学術技芸を学ぶためには高度の基礎学力が要求されるが、それを与えるのはどこの国でも中等学校の役割である。中等学校が担う「高等普通教育」と呼ばれたその基礎学力の教育に、わが国のような近代化の後発国の場合、外国語教育が重要な部分を占める。外国語の能力なしには、欧米の先進的な学術技芸を学ぶことはできないからである。東京大学予備門の前身が英語学校だったのも、そのためである。東京大学の予備門は語学教育を重視する、大学付設の中等学校に他ならなかった。

明治一九（一八八六）年、帝国大学の発足と同時に、中等教育についても制度の整備がはかられた。「帝国大学令」と同じ年に公布された「中学校令」を見ると、六年間の初等教育に続く中学校、つまり中等教育段階の学校を尋常（五年制）と高等（二年制、のちに三年制）の二層に、言い換えれば「高等普通教育」を二段階に分け、公私立の尋常中学校に対して、高等中学校は官立とし、帝国大学進学者のための予科教育の役割を担わせるとしている。東京大学予備門は第一高等中学校となり、さらに四校の高等中学校が開設され、旧制高等学校の制度が始まることになった。

その高等学校が他国に例を見ないというのは、欧米諸国には中等段階の「高等普通教育」を、大学進学者用と非進学者用の二系統に分けても、それを二段階に、しかも高等中学校は官立、尋常中学校は公私立というように、設置主体の異なる学校に分ける国はなかったからである。

予科としての高等中学校

それはともかく、高等中学校は官立に限るという規定に従って、文部省は全国を五つのブロックに区分し、明治一九（一八八六）年から二〇年にかけて、第一（東京）、第二（仙台）、第三（京都）、第四（金沢）、第五（熊本）の計五校の官立高等中学校を設置した（なおこの他に、設置・運営に必要な資金を寄付すれば、管理を文部省に委《ゆだ》ねるという条件付きで、つまり準官立の形で高等中学校を設置することも認められており、維新時の二大雄藩、薩摩《さつま》と長州《ちょうしゅう》の旧藩関係者によって、山口高等中学校と鹿児島高等中学造士館の二校が創設された。前者は明治三八年に官立山口高等商業に組織変更され、後者は明治二九年にいったん廃校されたあと、明治三四年に第七高等学校として復活している）。

なぜ、高等中学校だったのか。これまで見てきたように、新興日本帝国の最高学府である帝国大学は、欧米諸国と比肩しうる水準の大学でなければならなかった。入学者には、欧米の最先端の専門学を学ぶに足る英・独・仏の外国語を含めた、高度の基礎学力が要求されたが、それには五年間の中等教育では到底足りない。国際水準の大学教育を実現するには予科としての高等中学校を置き、中学校卒業者にさらに外国語を主体とした「高等普通教育」を与えることが、どうしても必要だったのである。

その官立高等中学校に入学を許され、首尾よく卒業することができれば、高級官僚をはじめとする国家エリートの唯一最高の養成機関である帝国大学への進学が、自動的に保証される。中学校卒業者には高等中学校以外に、三〜四年制の官公私立の専門学校が進路として用意されていたが、立身出世を目指す若者たちの目が、なによりも帝国大学への進学に向けられたのは当然だろう。高等中学校はたちまち多数の進学希望者を集めるようになった。

しかし、どんなに進学希望者が増えても、帝国大学の数と収容力に限りがある以上、高等中学校の門戸だけを広げるわけにはいかない。受験競争は年々激しさを増し、明治二〇年代の中頃にはすでに予備校や浪人が出現し、受験競争が社会的な問題になりつつあった。

高等中学校から高等学校へ

高まる一方の帝国大学、ひいては高等中学校への進学圧力を緩和するにはどうしたらよいのか。

最初に構想されたのは、高等中学校の専門教育機関化・専門学校化である。もともと高等中学校については本体である大学予科の他に、法・医・工等の専門学部を設置できることになっており、実際に五校すべてに医学部が、第三高等中学校にはさらに法学部が付設されていた。

明治二七（一八九四）年、当時の文相井上毅《いのうえこわし》は新たに「高等学校令」を公布し、高等中学校を高等学校と改称して三年制にすると同時に、その専門学部を主とし大学予科を従とする組織に改組するという、大改革を行った。高等学校を中等学校から高等段階の専門教育機関に転換させ、進学希望者を専門学部に誘導しようというのである。この大改革の象徴として、第三高等学校の大学予科は廃止され、同校は法学部・医学部に新設の工学部を加えた純然たる専門教育機関となり、また第五高等学校にも工学部が新設された。

井上は高等学校を「専門学校」化する一方で、帝国大学を学術研究機関に祀《まつ》り上げる構想を抱いていたらしい。帝国大学は「大学院ヲ拡張シ、偏《ひとえ》ニ学問的専門教育ノ府トシ、世界各国ト学術ノ光ヲ争フノ座ニ達」せしめ、それとは「別ニ単科大学（即《すなわち》 専門学校）ヲ興シ、偏ニ応用的専門教育ノ所トシ、高等実業ニ就カント欲スル者ヲ養成」する。つまり研究と教育の機能を分け、前者はもっぱら帝国大学の、後者を「大学（即専門学校）」すなわち「高等学校」の役割とするという、彼の構想を記した文書も残されている。

専門学校化構想の挫折

しかし、井上のこの構想はあっけなく挫折する。国家エリートへの登竜門である帝国大学へ、ひいては大学予科への進学競争は、制度の改革後も激しさを増す一方であったのに対して、高等学校の主体になるはずの専門学部は不人気で、十分な数の志願者を集めることができなかったからである。

明治三〇（一八九七）年、第三高等学校の施設設備と教員の一部を継承して京都に第二帝大が創設されると、三高に大学予科が復活し、さらに三三年第六（岡山）、三四年第七（鹿児島）、四一年第八（名古屋）と、大学予科のみの高等学校が増設される。それだけでなく、官公私立の専門学校・実業専門学校が数を増すなか、明治三四年には第一（千葉）・第二（仙台）・第三（岡山）・第四（金沢）・第五（長崎）の各高等学校に付設されていた医学部（カッコ内は所在地）が分離独立して医学専門学校になり、一つだけ残された五高工学部も三九年に熊本高等工業学校として独立した。

井上文相の構想に反して、専門教育は専門学校・実業専門学校の役割となり、高等学校は純然たる大学予科になってしまったのである。

教養教育と「新制高等中学校」構想

こうして高等学校が大学予科に戻ると、再び中学校との関係が問題にされるようになった。「我国の高等学校のやうな〔大学予備教育だけを目的とする〕一種特別の学校を認めて居る処《ところ》は、何処《どこ》にもない」（国民教育奨励会編『教育五十年史』）。もう一度高等中学校に戻すか、廃止・縮小して大学予科にするか、つまり中等教育・高等教育のどちらの一部とするのか、はっきりさせろというのである。文部省の審議機関である「高等教育会議」の議論は前者に傾き、明治四四（一九一一）年には新たに「高等中学校令」が制定され、官立限定で二〇校まで高等中学校の増設を認めることが決定された。

この時期には帝国大学は、東京・京都に東北・九州を加えて四校になっていたが、それでも高等中学校を二〇校にというのは多すぎないか、高等中学校への入試競争は緩和されるとしても、今度は帝国大学への自動進学が困難になり、新たな競争を生ずるのではないか。そうした根強い反対論を封じるべく登場してきたのが、新制度の高等中学校は大学予備教育ではなく「教養教育」の機関とするという議論である。

その有力な主張者で、文部大臣も務めた小松原英太郎《こまつばらえいたろう》はこう述べている——これまで官立学校といえば「官吏技師学者の養成所たる実況を呈」してきた。「新制高等中学校」の卒業者には「大学に入るの資格を有せしむる」と同時に、「地方紳士の子弟等にして、専門の学問を為すまでの必要なきも、中学校の課程のみにては不満足なれば、いま一層高き程度の教育を修め、且《かつ》多少法律経済の知識を得て、将来地方の紳士として、社会に立たんと欲する者」も入学させ、「選択科目として法律経済、又は農業或は商工業の大体」を学べるようにすべきである（『小松原英太郎君事略』）。

欧米諸国の高等普通教育にはもともと、大学予備教育と並んで教養教育の役割があり、こちらの方が重視されてきた。「新制高等中学校」の教育に「地方紳士」、つまり中流階級のための教養教育の役割も持たせれば、帝国大学への進学圧力は軽減されるはずだというのである。

「学芸大学校」論の登場

ところが、二年後に予定された「高等中学校令」の施行が財政難を理由に延び延びになっているうちに、今度は激しさを増していた専門学校の大学昇格論、つまり帝国大学以外の官公私立大学の設置認可問題と絡んで、別の改革構想が浮上してきた。

専門学校・実業専門学校・高等学校という、中学校卒業者を入学させる学校はすべて三～四年制の新しい大学にしてしまう、高等学校は四年制の「学芸大学校」とし、二年修了の時点で帝国大学への入学を認めるか、あるいは帝国大学に二年制の「学芸部」を付設するという、きわめて大胆な構想である。中心的な主張者は、東京・京都の両帝国大学総長を務め、文部大臣も経験した菊池大麓であり、彼がモデル視したのは、視察して強く印象付けられたアメリカの大学制度であった。

日本がそれまでモデルとしてきたヨーロッパ諸国では、たとえばドイツのギムナジウム、フランスのリセのように、高等普通教育は中等段階で終え、大学では学生に専門教育だけを与える。ところが、ハーバードをはじめとするアメリカの有力大学は、中等学校の卒業生を入学させる四年制カレッジを持ち、そこでより高度の教養教育（リベラルアーツ教育）を与える。学生の多くは、その四年制の課程を修めて卒業し、社会に出ていくが、二年か三年の段階で、専門学部に進学して職業教育を受けるものもいる。菊池の、高等学校の「学芸大学校」化は、アメリカの「リベラルアーツ・カレッジ」の日本版として構想されたとみてよい。

高等中学校か学芸大学校か、中等教育の一部か高等教育の一部か。官公私立の専門学校・

実業専門学校の間に高まる一方の大学昇格熱を背景に、議論は混迷する一方であり、「高等中学校令」の施行は中止され、その決着は大正六（一九一七）年に設置された「臨時教育会議」での議論に委ねられることになった。

新高等学校令と大学令

わが国最初のこの内閣直属の強力な審議会の答申に基づいて、帝国大学以外の官公私立大学の設置を認める「大学令」と、新「高等学校令」が公布されたのは大正七（一九一八）年末のことである。これによって官公私立の有力専門学校、とりわけ慶應義塾や早稲田をはじめとする私立専門学校が次々に大学への昇格を遂げ、同時に高等学校の性格も大きく変わることになった。

新しい「高等学校令」によれば、高等学校の目的は「男子ノ高等普通教育」の「完成」に置かれ、修業年限は七年で高等科三年・尋常科四年、高等科の教育課程は文科・理科に分けられ、高等科のみの学校設置も公私立校の設置も認められることになった。つまり、高等学校は大学予科ではなく、文科・理科に分けて「教養」としての高等普通教育を与える中等段階の学校として、さらにいえばアメリカ的な「リベラルアーツ・カレッジ」ではなく、ドイツのギムナジウムに代表されるヨーロッパ的な中等学校として、設計し直されたのである。

表４－１　高等学校の設立過程

設立年	校名（所在地）
明治19年	第一（東京）・第三（京都）
20	第二（仙台）・第四（金沢）・第五（熊本）
33	第六（岡山）
34	第七（鹿児島）
41	第八（名古屋）
大正８年	新潟・松本・山口・松山
9	水戸・山形・佐賀・弘前・松江
10	＊東京・大阪・浦和・福岡・＊武蔵（東京）
11	静岡・高知
12	姫路・広島・＊富山・＊甲南（兵庫）
14	＊成蹊（東京）
15	＊浪速（大阪）・＊成城（東京）
昭和４	＊府立（東京）

囲みは公立、下線は私立、＊は７年制

この新高等学校令に基づいて、官公私立の高等学校の新設が相次ぎ、校数はそれまでの八校から、昭和一五（一九四〇）年の官立二五・公立三・私立四の計三二校へと急増した。とくに官立校はそれまでの第一から第八までの「ナンバースクール」八校に加えて、新潟・松本など地名を冠した「ネームスクール」と呼ばれた一七校が、大正八年から一二年にかけて一挙に新設されることになった。

教養教育という建前

こうして、独立した「完成」高等普通教育の機関として大拡張を遂げた高等学校だが、制度上の建前と現実の間には大きな乖離《かいり》があったことを指摘しておかねばならない。

新高等学校は帝国大学の予科ではなく独立

した、それだけで完結的な教養教育の場となったのだから、当然、卒業者は帝国大学への進学の資格は持つが、自動的な進学を約束されることはなくなった。そして臨時教育会議には、新しい高等学校で高度の教養教育を受けた卒業者が帝国大学進学以外の道、「或ハ地方ニ於テ各種事業ノ経営者トナリ、或ハ地方行政ニ従事スル官吏トナリ、或ハ地方自治体ノ名誉職トナ」る道を選択するようになり、それによって帝国大学への進学圧力は緩和されるはずだという強い期待があった。

臨時教育会議の委員のなかには、木場貞長のように「日本ノ今日ノ状況ハ学問ヲ道楽ニスルト云フヤウナ者ハ極メテ少イ（中略）矢張リ学問ヲ以テ何カノ職ニ就カウト云フノガ目的」だから、帝国大学に進学せず、高等学校だけで職業に就くものは限られていると、現実論を唱えて反対した者もあった（『資料臨時教育会議』第三集）。

そうした一部委員の強い反対を押し切って実施された大改革であったが、現実は改革の理念通りには動かなかった。後で見るように、卒業後に帝国大学進学以外の道を選ぶ者はほとんどなく、新しい高等学校は一向に、想定された教養主体の「高等普通教育」の場とはならなかったのである。

実体は帝国大学予科

なによりも尋常科・高等科あわせて七年の一貫制高校が本体とされたのに、官立の場合、既設校はもちろん新設校も、東京高等学校一校を除いてすべて高等科のみの三年制で、七校の公・私立高校だけが七年制というのが実態であった。それだけでなく、新設の公・私立大学には高等学校と同一基準による「大学予科」が附置され、官立の場合にも北海道帝国大学と東京商科大学には予科が設置されていた。高等学校の実質は依然として「大学予科」、それも「帝国大学予科」に他ならず、「新制」高等学校と帝国大学の関係は、それを裏書きするものだったのである。

高等学校の卒業者には、それまでのような帝国大学への自動的進学の保証がなくなった。しかし公・私立大学にはすべて高等学校相当の予科が置かれていたから、高校卒業者の進学先は事実上帝国大学・官立大学に限られていたことになる。そして、実際に高校生たちが目指したのもこれまで通り、なによりも帝国大学への進学の道であった。

あとで詳しく触れるが、こうして校数が四倍に増えた高等学校から、帝国大学の収容力とかかわりなく多数の卒業者が送り出されるようになると、たちまち帝国大学への激しい進学競争が生じ、「白線浪人」と呼ばれる進路未定者が大量に出現するようになった。高校生たちは、教養を身につけるどころではなく、進学準備に時間を費やさざるをえなくなった。つまり高等学校の実態は改革の理想に反して、再び帝国大学予科の方向に逆戻りしてしまったのである。

高等学校の危機

それだけではない。大正後期から昭和初期にかけて、臨時教育会議の答申でいったんは下火になった学制改革論議が再び炎上する。

議論の焦点は明治以来、必要に応じてさまざまな学校が作られ、つぎはぎだらけで進学系統の複雑化した教育制度を、初等・中等・高等の三段階に整理し、合理化・効率化することの是非にあったが、その中心的な論点として、高等学校の問題が再浮上してきたのである。そして議論は大きく、高等学校制度の廃止と大学・専門学校の制度的統合に傾いていった。

昭和五(一九三〇)年には、当時の有力紙『国民新聞』が、学制改革に関する論文を懸賞募集したところ、一三二篇の論文が集まった。その内容を見ると、高等学校制度に触れた四八篇の内訳は全廃三二、大学予科復活七で、現状維持はわずかに九となっている(国民新聞編輯局編『教育改造論』)。また各種団体等から出された二四の改革案を、文部省が昭和一〇年時点で整理・分析した結果でも、高等学校の廃止七、大学予科への転換四、文理科大学への改組二などとなっており、現状維持は三案にすぎなかった(石川準吉『綜合国策と教育改革案』)。

昭和八年刊行の『岩波講座・教育科学』（第一七冊）には、「高等学校教育の問題」についての紙上シンポジウムが登載されているが、それを読むと当の高等学校長たち自身が、学校の先行きに弱気になっていたことがわかる。

たとえば東京高校の塚原政次《つかはらまさじ》校長は「高等学校は之を大学の予備教育と考へない者」は稀《まれ》であり、「卒業生を尽《ことごと》く滞り無く大学へ入学せしめる為めにはどうしても高等普通教育では駄目で、予備教育といふ態度で進まねばならぬ」とし、昭和五年度の高等学校長会議でもすでに、大学予科への回帰論が多数を占めていたと述べている。文部省が高等学校を廃止し二年制の大学予科にする案を発表して波紋を呼んだのも、この頃のことである。教養教育の理想はもちろん、高等学校制度自体が存廃の危機に立たされていたのである。

大学予科への回帰

こうして昭和一二（一九三七）年末には再度、内閣直属の「教育審議会」が設置され、そこを舞台に学制改革論議が展開されることになった。

戦争の足音が高まるなか、高等教育制度全体の抜本的な改革には至らなかったものの、答申により、高等学校については大学予科としての性格・役割を強化する方向で、いくつかの改革が行われた。高等学校令第一条の「男子ニ精深ナル程度ニ於テ高等普通教育ヲ施」すという従来からの目的規定に、「大学教育ノ基礎タラシムル」という文章が加えられ、また七年制ではなく三年制を本体とするとされたのは、その端的な表れといってよい。

大学予備門から出発した高等学校は、結局、独立の完結的な教養教育の場とはなりえず、大学予科に回帰して第二次大戦後の学制改革のなかで、帝国大学とともにその歴史を閉じることになるのである。

第五章　自由と人間形成

予備教育の時代

中等教育と高等教育、大学予備教育と教養教育の間で揺れ動いた高等学校制度だが、帝国大学卒業の国家エリートたちの人間形成に果たした役割には、大きなものがあった。ただそれは、教育の目的規定やカリキュラム以上に、三年間の自由なキャンパスライフという「時間と空間」が高校生たちに約束した、「隠れたカリキュラム」のおかげであったことを指摘しておかなければならない。

大正七（一九一八）年の新高等学校令の公布を境に、高等学校の教育目的・教育課程が大きく変わったことは、前章で見た通りである。ここではそれ以前を「大学予備教育」の時代、それ以後を「教養教育」の時代と呼ぶことにしよう。

その「大学予備教育」時代の教育課程は何度か変わっているが、明治二七（一八九四）年制定、三三年改正の「大学予科学科規程」を見ると、次のようになっている。①学科を、進学希望の分科大学により第一部（法・文）、第二部（工・理・農）、第三部（医）に分ける。②修業年限は三年、授業時数は週当たり三〇時間前後。③授業科目・時数は進学希望の分科大学・学科別に定め、すべて必修とする。

実際の授業科目を見ると、共通科目は倫理、国語漢文、第一・第二外国語だけ。あとはすべて帝国大学進学後の専門教育に必要な科目ばかりで、たとえば第一部では数物系の科目が、第二・三部では人社系の科目が、それぞれゼロという徹底ぶりである。国語漢文も、第一部は三学年の総計で週一五時間に対して、第二・三部では一学年のみ三時間にすぎない。最も重視された共通科目は英・独・仏の外国語であり、三年間の合計時数は第一部五二、第二部三八、第三部四五、全授業時数に占める比率はそれぞれ五七％、四一％、五〇％となっている。外国語教育がいかに重視されていたかがわかる。

外国語中心の「教養教育」

「教養教育」時代になると、「高等普通教育の完成」という教育目的に沿って三部制は廃止され、文科・理科の二科制になり、授業科目の構成も表5‐1に見るように大きく変わる。「法制及経済」と「心理」が文・理共通の必修科目に加わり、文科でも「自然科学」が必修

表５－１　高等学校の教育課程（大正７年）

	文科		理科	
	授業時間数	%	授業時間数	%
修身	3	3.0	3	3.1
国語及漢文	16	16.3	6	6.3
第一外国語	25	25.6	20	20.9
第二外国語	(12)	(12.3)	(12)	(12.5)
数学	3	3.0	12	12.5
法制及経済	4	4.1	2	2.1
心理及論理	4	4.1		
心理			2	2.1
歴史	12	12.3		
地理	2	2.0		
哲学	3	3.0		
自然科学	5	5.1		
物理			8	8.3
化学			8	8.3
植物及動物			8	8.3
鉱物及地質			2	2.1
図画			4	4.2
体操	9	9.2	9	9.3
計	86 (98)	100.0	84 (96)	100.0

授業時間数は週当たり32～33時間。表に示したのは３年間の合計時数。たとえば修身の３時間は、各週１時間の授業が３年間を意味する。第二外国語は「随意科目」とされていたが、実際にはすべての高校で必修であった

科目になったのは、大きな変化といってよい。しかし、同時に、文科・理科の別は入学時にすでに決められており、履修すべき授業科目もそれに応じて決められていた。アメリカのリベラルアーツ・カレッジと違って、選択の自由はまったく認められていなかったのである。

共通科目のなかでは外国語の授業時数が、減少したとはいえ文科で全体の三八％、理科でも三三％と、依然として高い比率を占めている。それだけでなく、いかにも「教養教育」の時代らしく、その目的についても「英語、独語又ハ仏語ヲ了解シ、且之ニ依リテ思想ヲ表スノ能力ヲ得シメ、兼テ知徳ノ増進ニ資スルヲ以テ要旨トス」と、語学力だけでなく人間形成に資する教養教育的な役割を期待することが、明記されることになった。

重要なのは、その外国語教育を担った教師と使われた教科書である。当時の学校一覧等を見ると、外国語担当教員はほとんどが帝国大学出身の文学士であった。また卒業者の自伝などに挙げられている名物教師も、多くが文科大学・文学部卒の語学教師であったことがわかる。教科書には、たとえば『独逸《ドイツ》語読本』といった語学教科書だけでなく、上級学年になるほど文学を中心とした人文学書が選ばれている。大多数の高校生にとって既習外国語だった英語についていえば、ドイル、トウェイン、スティーブンソン、ハーンなどとともに、ミル、ラッセルなどの著作が教科書に使われていた。

欧米の文学・哲学・歴史などの人文学と社会科学、さらには音楽や絵画への高校生たちの関心はそこから広がり、文科・理科の別を超えて「教養主義」と呼ばれる独自の学生文化をも醸成していった。外国語教育は単なる語学教育ではなく、テキストを通して近代西欧の思想・文化・社会等について学ばせる、その意味でまさに西欧的・近代的な「教養」教育の役割を果たしたのである。

キャンパスライフ

しかし、高校生の人間形成に正規の教育課程以上に大きな役割を果たしたのは、彼らのキャンパスライフであった。

ナンバースクールの時代、官立高等学校が設置されたのは旧大藩の城下町である。大正九（一九二〇）年以降の新設高等学校のうち、公私立高校は東京と近畿圏に集中したが、官立のネームスクールは地方の小都市に分散的に設置された。

高等学校の重要な特徴はそうした立地もさることながら、その規模にあった。高等学校（三年制）の収容定員は、原則一学年二〇〇人、全体で六〇〇人以内と定められており、昭和一〇（一九二五）年当時の生徒数を見ても最大の一高が一〇〇〇人程度、他のナンバースクールは六〇〇人から七〇〇人、ネームスクールでは四〇〇人前後にすぎなかった。進学希望者は文科・理科、それに履修を予定した第一外国語（英・独・仏。ただし仏語を置かない高等学校もあった）を選択したうえで受験し、入学後は「同科同学年ノ生徒ヲ以テ編成」される、「定数四十人以内」の「学級」に所属することになっていた。学級ごとに教室が割り振られ、「学級主任」と呼ばれる担任教官が置かれ、外国語をはじめ各教科の授業は原則、その学級単位で行われていたことも付け加えておこう。徹底した少人数教育主義をとる高等学校が、きわめて密度の濃い教育的空間であったことがわかる。

加えて地方都市への立地は、教員も学生も同一の地域に居住し、小規模な学校共同体を中心に生活を共にしていたことを意味している。それは教員と生徒、同級生間、上級生と下級生の間の緊密な人間関係を約束するものであった。二十数名の専任教員と四〇〇〜六〇〇人前後の学生によるキャンパスライフは、それだけですでに強い人間形成的な機能を約束されていたといってよいだろう。

寄宿舎と籠城主義

そのキャンパスライフで重視されたのは、寄宿舎（学寮）と校友会に象徴される「自由と自治」であった。

原型を作ったのは、第一高等学校の初代校長で京都帝大創設時の総長も務めた、木下廣次である。帝国大学の法科大学教授であった木下は、当時の森有礼文相に請われて一高校長に就任したのだが、それは、「後年社会ノ上流ニ立チ（中略）日本中ノ先達トナリテ日本ヲ指揮スヘキ」国家エリートの卵として、「品行ハ端正ニ志ハ高尚ニシテ、他ノ青年者ノ標準トモナルヘキ」高等中学校生たちの風紀の乱れに対して、森が抱いていた危惧《きぐ》の念に共鳴してのことであった。

木下によればその最大の原因は、書生と呼ばれた若者たちの下宿生活にあった。「外宿ノ風習ハ実ニ諸君ノ毒薬ナリ、校外一歩皆敵ノ決心アラハ、寄宿舎ノ必用ハ多言ヲ要セス、因《よっ》テ向後ハ校生一人モ余サス、総《すべ》テ寄宿ト云フヲ以テ定則トシ、諸君カ団結シテ修身ノ温習ヲ容易《たやす》クシ、舎内ノ輿論《よろん》ヲ振起スルニ便ナラシメントス」（『第一高等学校六十年史』）。また「我校の寄宿寮を設けたる所以《ゆえん》のものは、此《これ》を以て金城鉄壁となし、世間の悪風汚俗を遮断して、純粋なる徳義心を養成せしむる」ことにある（『向陵史』大正一四〔一九二五〕年、第一高等学校寄宿寮）。

木下が主張し、高等学校の最大の特色となった「全寮制・籠城《ろうじょう》主義」は、そうした危機感から生まれたものであった。

他の高等学校にも次々に開設されるようになる学寮だが、三年間の学寮生活を義務付けていたのは一高のみ、それ以外は最初の一年だけ、それも自宅通学を認める学校や希望者のみの学校など、バラエティがあったことを指摘しておく必要がある。昭和一三（一九三八）年に文部省が行った調査によると、高校生の居住形態は、学校寄宿舎三三％、自宅三二％、下宿二一％、間借六％、親戚《しんせき》・知人四％などとなっている。とはいえ、その比率は私立大学予科や専門学校に比べて際立って高い。入学時の一年間とはいえ居住を義務付ける学寮は、まさに高等学校に特徴的な施設であったといってよいだろう。

校友会の役割

木下校長の賛助のもとに、校友会が最初に組織されたのも第一高等学校である。入寮者は「宜《よろ》しく同心協力して、堅固なる団体を作り、廉恥の心を励まし、公共の念を振起して、徳義の進修を図」らねばならない（『第一高等学校自治寮六十年史』）。木下にとって、寄宿舎と校友会は一体のものであった。

明治二三（一八九〇）年、それ以前から生徒たちが自発的に活動してきた運動部、弁論部、雑誌部等を統合する形で学校公認の全学的な組織、つまり全生徒の加盟する「校友会」が一高に生まれたのは、自治寮の開設からほぼ半年後のことである。名称はさまざまだが、同様の組織はその後、すべての高等学校で組織され、さらに他の学校や大学にも広がっていく。

寮生自身が寮生活に関する規則を定め、寮生の公選による総代が責任をもって食堂を含む寮の運営にあたるという、一高から始まった学寮運営の方式は、二〇歳前後の若者たちのエリートの卵としての自負心と責任感をかきたて、さらには特権意識をはぐくむうえで重要な役割を果たした。校友会の場合にも、「本会ノ大目的已《すで》ニ文武ノ諸技ヲ奨励スルニアリ、而《しか》シテ之ヲ成《な》スニハ、万事自由ノ空気ト自然ノ競争ニ任ゼザル可カラ」ずという、五高の校友会「竜南会」の例（高橋佐門『旧制高等学校研究』）に見るように、高校生自身の主体性と責任による運営が原則であった。

「学校による教育との補完関係に立」つ（『第二高等学校史』）、「裏面ノ組織」（高橋）と呼ばれた学寮と校友会は、高校生たちが「自由と自治」を学ぶ「隠れたカリキュラム」として、大きな役割を果たしたといってよいだろう。

自治と自由の形骸化

その教養と人間形成にとって重要な「裏面ノ組織」だが、皮肉なことに、教養教育の理想を掲げた新高等学校令の公布以降に揺らぎ、キャンパスライフは大きく変わりはじめる。

変化の兆候は、明治三九（一九〇六）年に一高校長に就任した新渡戸稲造《にとべいなぞう》が、籠城主義の伝統を支持する一方で、「ソシアリチー（社交性）」の重要性を説き、一高生たちの一方では共感、他方では反発を買った頃からあった。大正民主主義につながる欧米的な近代主義・個人主義が、国家エリートの卵たちの間に浸透し、彼らの意識を変えはじめたのである。新高等学校令はそれに拍車をかけるものであった。

第一高等学校の寮史『向陵誌』は、中学校四年修了の者にも入学を認める新制度に触れながら「十七歳位のものも入り来る事とならば、将来果してよく光輝ある自治の歴史を維持し得るや」と危惧の念を述べている。実際に校友会の各部懇親会費の徴収に回った委員が、出席を強制するのはおかしい、出席しないのに会費を払う必要はないなどと新入生から抗議され、「事容易ならず。自治寮の将来に如何《いか》なる結果を来すべきや、測り知る可からざるものあり」と慨嘆したことが記されている。

一高のように一室十数人、少なくても四人が普通だった寄宿舎だが、新設高校では一室二人、個室というところも現れた。校友会活動も正規の各部の他に同好会的な趣味娯楽団体が増え、また多くの高校に社会科学研究会が生まれるなど左翼運動の波が高まった昭和初年には、校友会費の値下げ運動から選手中心に変化した運動部の廃止論までが、いわれるようになった。

それとは逆にこの頃から強まったのが「弊衣破帽・紋付羽織の書生風文化」である。高等学校研究家の高橋佐門によれば、明治三〇年代半ば以降「弊衣や異装が次第に廃れ、正常化して行く」傾向が「大正半頃までは続いた」。それが一転して弊衣破帽や和服の異装、それに長髪・蓬髪《ほうはつ》など、高校生に象徴的なスタイルが支配的になったのは、「新制」高等学校の大量新設の頃からとされる。「長髪の風習が地名高校の方から起り、普及したのは事実のようで、紋付・白緒《はくお》の風俗を誇張し異風俗化した風潮も、やはり地名高校の方から起ったと見てよい」(『旧制高等学校研究』)。

「自治と自由」が形骸《けいがい》化し、学寮と校友会活動の人間形成機能が弱体化するなか、高校独自の文化は「弊風」化して、その外形ばかりが継承されることになりはじめたのである。

進学準備への傾斜

「自治と自由」の基盤を掘り崩す役割を果たしたもう一つの変化は、これも新高等学校令がもたらした帝国大学への進学競争の激化であった。その実態については次章に譲るとして、それが高校生たちの生活や行動に、いかに大きな影響を及ぼしたか、ある高校教員は次のように書いている。

高等普通教育を通して人格の形成を目指すはずの高等学校が「事実に於ては（中略）大学予科と化し、生徒は大学入学試験に必要なる科目のみを勉強して他の科目を等閑に附するばかりでなく、上級生にはかかる科目は欠課して帰宅する者多く、強いてこれを出席せしめても、其の科目を上の空で聞き流し、密《ひそ》かに教室に於て入学試験の勉強を行って居る状態である」。高校生たちは「大学の入学準備にのみ没頭し、東京の如きは、東京帝大入学試験準備の学校に夜間通学までなして勉強に寧日《ねいじつ》な」いというのが実態であり、「昔の如く悠々と高等学校生活を味はふ者なく（中略）人格の完成教育抔《など》思ひも寄らない状態にある」（『旧制高等学校研究』）。

自立的な高等普通教育の場に転換されたはずの「新制」高等学校で、高校生たちが中学生同様に受験勉強に熱心にならざるをえない現実が、姿を現したのである。「新制」高等学校はそれ以前の、大学予科であるがゆえにどこかの帝国大学・学部に入学が約束されていた時代の方が、人格形成の場としてははるかに充実していたというパラドックスに、直面せざるをえなかった。昭和一〇年代を迎える頃には高等学校は、自立的な人間形成の場としての特色を、次第に失いはじめていたといわねばならない。

高校の数は素晴しく多くなつた。当然大学入学は困難になつた。高校生の関心の対象は正に之である。それに年齢も若くなつた。誰かが言つたやうに大学生は高校生のやうに、高校生は中学生のやうになつた。大変真面目になつたが、何となく奥行と呑気《のんき》さが少くなつた。従つて中には人生観など考へるより単語を一つでも余計に覚えようといふ、風味のないものも出て来る。昔も高等学校の教壇から手の舞ひ足の踏むところを知らぬ底《てい》の高説を聞いた覚えはないが、学校殊に寄宿舎の空気は青春の夢を育てるのに適《ふさ》はしい味と濡《うるお》ひとを持つてゐた。然るに今は大学入学試験なるものが結核菌の如くに青年の脳《のう》裡《り》に巣食つて、彼等の空想をいつも暗くしてゐる。（『学生の生態』）

それが東京帝大の学生主事、大室貞一郎《おおむろていいちろう》が同時代に見た、自身もかつてその一員であった高校生たちの姿であった。

第六章　入試から進学まで

高等学校と入学試験

帝国大学に進学するには、まずは入学し卒業しなければならない高等学校だが、戦前期を通じ、若者たちにとって、その高等学校への進学は常に最大の難関であった。

日本がモデルにしたヨーロッパ諸国には、ドイツのギムナジウム、フランスのリセのような、教養教育と進学準備教育を兼ねた中等学校があり、その卒業資格であるアビツーア（独）やバカロレア（仏）を取得すれば、無条件で大学進学が認められる。日本の場合にも、特別の名称を持った資格を与える制度こそなかったが、大正七（一九一八）年までは、高校卒業者に帝国大学への自動的な進学が認められていた。ただ、その高等学校が中学校とは切り離され、限定的に設置された「大学予科」だったという点が、ドイツやフランスと根本的に異なっていた。そのため、帝国大学を目指す若者はまずは高校入試という形の、厳しい選抜試験を潜《くぐ》り抜けなければならなかった。

大学予科時代の高等学校の入学定員は、当然のことながら、帝国大学の収容力と連動して定められていた。その帝国大学の数も収容力を増やすのがいかに困難だったかは、すでに見てきた通りである。中学校卒業者も帝国大学への進学希望者も増える一方だが、高等学校の入学定員をそれに応じて増やすことができない。入学試験は厳しさを増すばかりであり、高等学校の歴史は、受験競争を緩和するための入試制度の改革と挫折の歴史とならざるをえなかった。

表6－1　官立高等学校の入学者と入試倍率

	入学者(人)	入試倍率(倍)
明治33年	1426	2.68
38	1470	3.20
43	2147	2.97
大正４年	2061	4.69
9	3439	6.85
14	5228	6.03
昭和５年	5297	5.99
10	3952	7.30
15	5524	6.90

『文部省年報』各年度より作成

「綜合試験」制度の導入

その入試改革の柱は、いまふうにいえば「共通学力試験」制度の導入にあった。明治三五（一九〇二）年の「綜合試験」がその始まりである。

高校の入学試験は、創設以来、各校独自に行われてきたが、受験生の志望順位には一高を頂点にはっきりした学校間序列がつくられ、競争率にも学校によって大きな差異があった。それは進学機会の不平等・不公平性を意味するだけでなく、帝国大学入学者間の学力格差につながりかねない。卒業者の自動的な進学を認めている文部省・帝国大学にとって、それは望ましいことではなかった。

そこで考え出されたのが「綜合試験」、すなわち高等学校が一斉に同じ日、同じ問題で入学試験を行い、全体の入学定員にあたる数の合格者を決め、あらかじめ届け出させておいた志望順位に従って各高校に割り振っていくという選抜方法である（天野『大学の誕生』下）。しかし、平等・公平性を保証しようと導入したこの制度は、長続きしなかった。交通通信手段が未発達であった時代である。問題の作成、送付、採点、合格者の振り分けのどれをとっても、技術的な困難が大きかったことは容易に想像される。だが、さらに深刻な別の理由があった。これだと学校間の序列があからさまになってしまうのである。

第二、第三志望にまわされた生徒は「常に自己が第一志望せし学校の生徒は皆、我にまされりとなし、自ら卑下し、自己の学校に対する愛校心も薄く（中略）知らざるの間に精神卑屈」になる（『旧制高校全書』第三巻）。高校としてもこの方式だと「秀才悉《ことごと》く第一高等学校の門に集まり」、他の学校は「お余り頂戴《ちょうだい》の形で甚だ面白くない」（天野『試験と学歴』）。「綜合試験」制度は五年で廃止になってしまった。

ついでにいえば廃止直後の明治四一年の八校の入学者総数は約二〇〇〇人、競争倍率は全体で四・九倍、最高は一高の七・四倍、最低が五高の三・〇倍、入学者の平均年齢は一九歳五か月であり、多数の浪人が存在したことがうかがわれる。

「分割制」と「集合試験」

こうして「綜合試験」制度は失敗に終わったが、受験競争が一向に緩和されず格差も厳然として存在するのだから、問題は再燃せざるをえない。

大正期に入ると「全国の秀才が多く集まる一高や三高の落第生の中には、他の地方の高等学校の入学者よりも成績の優秀な者が沢山居る。現に昨年の成績に依ると、一高及び三高の落第生中七百人丈《だけ》は他の高等学校の入学者のある者より上位の成績を得ている〔注：高校全体の入学者数はこの頃も約二〇〇〇人であった〕。即ち地方の高等学校にならば立派に入学し得る学力ある者が、一年間無為に暮して居る。之は当人に気の毒なばかりでなく国家の損である」と、当時の岡《おか》田《だ》良平《りょうへい》文相自身が言い出した。

そこで志願者の集中する一高・三高の試験をまず実施して入学者を決め、残る六校はその後で試験するという「分割制」案が考え出された。しかし、文部省の権限が強かった時代とはいえ、これでは落穂拾いの形になる他の六校が黙っているはずがない。さすがに文部省も引っ込めたが、その代わりに「集合試験」と名を変えた共通試験制度の再度の導入をはかった。高等学校側の反対を押し切っての導入であった。

しかしこれも大正六（一九一七）年から二年実施されただけで、あえなく中止に追い込まれてしまう。なんとも目先のきかない話だが、新高等学校令の公布で高校の大量新設が始まり、受験生が激増するなか、「集合試験」は技術的に困難になってしまったのである。ただ官立高校の場合、文部省作成の同一の入試問題を使い、同期日に一斉に実施する部分だけは、その後に継承されたことを付け加えておこう。

「二班制」の導入

大正期に入っても二〇〇〇人強で横ばい状態が続いていた官立高校の入学者数だが、大量新設の結果として大正九（一九二〇）年以降大幅な増加に転じ、大正一四年には五二〇〇人と、一〇年前に比べて二・五倍に急増した。ところが受験競争は一向に緩和されず、大正四年に四・七倍だった入試競争率は、増設が始まった九年に六・九倍、ほぼ終わった一四年になっても六・〇倍と逆に上昇している。収容力の拡大は中学校卒業者、ひいては高等学校志願者の増加にはるかに及ばなかったのである。

それもあって、大正一四年に文相に返り咲いた岡田のもとで、再び入試改革の話が持ち上がった。今度出てきたのは二五校に増えた官立高等学校を「二班」に、つまり二つのグループに分けて、入試を実施しようという案である。今回も高校側には反対意見が強かったが、文部省が「遮二無二実施断行の決心を持っている」ことを知らされ、「兎も角も（中略）文相の意向を忖度《そんたく》の意味において」実施に同意せざるをえなかった（天野『高等教育の時代』下）。

その「二班制」だが、二五校の官立高等学校を第一班・一三校と第二班・一二校に分け、受験生に各グループ一校の志望を認める、試験は間を一日開けて二度実施し、受験者は第一班の志望校と同じ場所で、第二班の試験も受けられるようにするというもので、文部省作成の同一の試験問題を使うことになっていた。班の編成には、ナンバースクールを二つに分け、一高と三高を別グループにするなどの配慮がされている。

「志願者にして落伍《らくご》の虞ある者は、志願者の最も少き学校に志望して入学の便宜を計ると云ふにあつて、入学難緩和の主眼とする処は、総ての受験者は同一場所に於て二回受験せしむることとなし、出来得る限り入学者の便宜を計る」というのが、基本的な狙《ねら》いであった（天野『試験と学歴』）。

入試問題漏洩事件

この「二班制」方式の入試は大正一五（一九二六）年から実施される。ところが二回目の試験が終わった翌昭和二（一九二七）年の春に、印刷局で印刷された入試問題の漏洩《ろうえい》が発覚するという、思いがけない事件が起こった。印刷局の職員がカネ目当てに入試問題一式を盗み出し、それを手に入れて合格した一高をはじめ四校の七名が、入学を取り消されたという事件である。

それだけなら、試験問題の管理を強化すれば済む話だが、高等学校長会議はこれを機に「二班制」そのものの廃止を決議し、試験の期日は同一とするものの、入試問題は各校独自に作成するとして、明治三五（一九〇二）年の最初の入試改革の時点まで一挙に巻き戻しをはかった。

公平かもしれないが「手続きの煩はしさ、受験生も疲れるし、試験官は一層疲れる（中略）幾分の仕合せを感ずるのは優等生の一部分丈」というのが、関係者の見方だったとされている（天野『高等教育の時代』下）。当初は改革に好意的だった世論も、いざ実施してみると「都会の受験生が第二志望を地方の高校にして、地方の受験生を『圧倒』してしまう。従来地方の子弟に開かれていた機会を奪うことになる。これでは、高校の地方的分散の意味がない」というので、批判的な方向に変わったという指摘もある（竹内洋『学歴貴族の栄光と挫折』）。

結局、これが高校入試制度の最後の改革になった。いつの時代にも、入試改革は難しいものである。

帝国大学への進学

高等学校と帝国大学の関係に戻ろう。

たびたび触れたように、実質的な大学予科とはいえ、高等学校は独立の学校だから、卒業者全員に進学を保証するといっても分科大学（学部）や学科の別があり、帝国大学の数も増えれば選択・志望に偏りが生じ、両者の接続関係が問題化するのは避けられない。

問題は、帝国大学が一校だけだった明治二〇年代の末にはすでに浮上していたらしい。当時の有力教育情報誌『教育時論』は、明治二九（一八九六）年に帝国大学の入学関係規定の改正があり、入学志願者が各分科大学・学科の予定人員を超過した場合は、競争試験で入学者を決めるとしたところ、高等学校側が猛反発したことを伝えている。自動的に進学を保証するとして生徒を入学させたのに、卒業の段になって「亦々《またまた》試験を要するとは、自己撞着《どうちゃく》の甚しき者」ではないか、というのである。

そこで帝大側は明治三一年に規程を再度改正し、志望者全員をいったん「仮入学」させて試験をし、入学できなかった者は次年度、無試験で優先的に入学を許可する、つまり一年待っていれば、志望の学科に優先的に進学させることにした（『東京大学百年史』資料一）。「一年待機制」の始まりである。

実際に、明治四〇年代に入るまでの東京帝大の入学率（志願者に対する入学者の比率）を見ると、ほぼ一〇〇％に近い。「一年待機制」もあり、なんとか希望通りの進学が保証されていたことがわかる。ただ、工業化の進展とともに進学希望者が増加する一方で、実験・実習を伴ううえに学科が細分化されていた工科大学だけは例外であった。京都以降の新設帝国大学が、例外なく工科大学中心だったのは、進学希望者の動向から見る限り、避けがたい選択であったと見るべきだろう。

東京か京都か

さてもう一つの、志望大学間の調整の問題である。

それは京都に第二帝国大学が設置されたときから始まった。明治三〇（一八九七）年の高等学校長会議では、「大学予科卒業生を、東京、京都の両大学に配当するの件」が議題にのぼったが、意見はまとまらず、結局、どちらの大学を選ぶかは学生の自由に委ねられることになった（『教育時論』）。

首都東京以外の、しかも新設・後発の帝大を第一志望にする者は多くはない。人気の工科や法科の場合には、その傾向がとりわけ顕著であった。たとえば四分科大学がそろってから四年目になる明治四二年の京都帝大の入学者を見ると、入学者の総数は二一七人で東京帝大の一〇二九人の約五分の一にすぎず、とくに法科は東京の四三三人に対し京都は五一人と圧倒的な差があったことがわかる。

それは東北・九州と続く他の後発帝大にも共通した悩みであり、「一年待機」どころか高校からの進学者だけでは入学定員を満たすことができず、やむをえず（あるいは積極的に）専門学校や高等師範学校からの「傍系入学」を認める大学・分科大学もあった。自動進学制の廃止をもたらした大正七（一九一八）年の学制改革が、そうした大学・学部・学科選択の偏りをさらに深刻化させたことは、あらためていうまでもないだろう。

表６−２　官公私立高等学校卒業者進路状況（人）

	大正14年	昭和10年
東京	1887	1485
京都	994	1066
東北	192	226
九州	271	293
北海道	2	12
大阪		180
帝大計	3346	3262
官立大	284	452
公私立大	9	237
その他学校		7
就業	10	—
修学中	37	—
未定	95	1341
死亡等	14	6
合計	3795	5305

『文部省年報』大正14年度・昭和10年度より作成

高校卒業者の進路

制度改革によって、文科・理科の二科制になった高等学校の卒業者は、それぞれ文系・理系の学部への進学の優先権を認められ、それ以外は帝国大学以外の官公私立大学への進学も含めて、完全な選択の自由を認められることになった。

進学せずに就職し、あるいは「地方紳士」になる道も想定しての改革だったが、卒業生の実際に選んだ進路がもっぱら進学、しかも帝大進学であったのは表6‐2に見る通りである。

昭和一〇（一九三五）年の数字を見ると、五三〇五人の卒業生のうち進学者が七四％を占めるが、帝国大学が六一％と圧倒的に多く、他の官立大学に九％、公私立大学が四％となっている。帝国大学以外の官公私立大学への進学者数一三％という数字に、制度と時代の変化を見るべきかもしれない。しかし、それ以上に重要なのは全体の二五％を占める、「未定」と分類された多数の卒業者の存在である。表中の大学進学者数は、あくまでも「現役」進学者の数字である。進路「未定」者のほとんどは、帝国大学進学を目指しながら失敗した、いわゆる「白線浪人」であったと見てよい。

表6‐3は、昭和一〇年の帝国大学と官立大学の入学者数を見たものだが、高校からの入学者総数は五五四八人で、高校卒業者の数とほぼ見合っている。つまり、大学予科だった時代と同じく、高校と帝大・官大の入学定員はほぼ見合った数に設定されていたことがわかる。白線浪人の出現は従って、なによりも高校卒業者の、大学・学部・学科間での進学希望者の偏りとかかわって生じていたことになる。

表6－3　大学入学者の構成（人、昭和10年）

	高校	予科等	専門学校等	学力検定	その他	計	傍系入学率
帝国大学計	4797	339	207	51	132	5526	4.7
東京	2196	19	—	—	76	2291	0.2
京都	1497	10	5	23	28	1563	1.8
東北	396	6	31	18	12	463	10.6
九州	417	29	109	9	15	579	20.4
北海道	31	275	17	1	1	325	5.5
大阪	260	—	45	—	—	305	14.8
官立大学計	751	204	483	2	19	1459	33.3
合計	5548	543	690	53	151	6985	10.6

予科等：学習院高等科・大学予科
専門学校等：専門学校・実業専門学校・高等師範
その他：大学卒・再入学等
傍系入学率（%）：専門学校等と学力検定による入学者の比率
『文部省年報』昭和10年度より作成

ペッキングオーダー

帝国大学への進学については、高校卒業者優先が定められていた。定員に満たない場合にはじめて、専門学校等からの「傍系入学」が認められる。

帝国大学全体で約五%、最大の九州帝大で二〇%を超える傍系入学者は、そうした偏りを象徴するものであり、また表6－2の三二六二人という帝大への「現役進学者」と、表6－3の「高卒入学者」四七九七人との間の一五〇〇人余のギャップは、多数の白線浪人の存在を裏付けるものと見てよい。

もう一つ関連の数字として、大学・学部別の入学倍率を挙げておけば、東京帝大の二・〇倍に対して、京都帝大は一・四倍、学部別を見ると同じ東京帝大でも医二・九、工二・

八、法二・四に対して、文一・二、経一・五、農一・六というように、倍率に大きな違いがあったことがわかる。なお学部・学科によっては、事実上、志望者全入のところも少なくなかった。

高校卒業者たちは、大学間でいえば東京帝大―京都帝大―他の帝大―官立大―公私立大、学部でいえば文系では法、理系では医・工と他の学部という、進学先としての望ましさの度合いによるペッキングオーダー、序列構造を強く意識していた。それが高校と大学間の複雑な接続関係を作り出し、受験競争の激化と「白線浪人」の増加をもたらしていたのである。この後、白線浪人の増加に手を焼いた文部省が、高校の一学級当たりの定員を三〇人にまで減らすなどの措置を取り、一時は入学者数が四〇〇〇人を切るまでになったから、高校進学競争の一層の激化は避けられなかった。

高校生の中学生化、高校教育の受験準備教育化を憂える声は、現実的な裏付けを持っていたことになる。

第Ⅲ部　学生から学士へ

第七章　エリートたちの学生生活

学生と学士

晴れて帝国大学への入学を許された若者たちは、「学生」の身分になる。表7－1に見るようにその入学者数は年を追って増えたとはいえ、明治四三（一九一〇）年が約一六〇〇人、大正九（一九二〇）年に二〇〇〇人を超え、昭和期に入ってようやく五〇〇〇人台になった。旧帝大系七大学の現在の学部入学定員は約二万人、東大だけでも三〇〇〇人である。総人口が違うとはいえ、戦前期、それも明治・大正期の帝大生がいかに選び抜かれた、「エリート」の卵であったかがわかる。「学士様ならお嫁にやろか」といわれ、「娘やるなら学士様」という映画まで製作された（大正一五年）のは、その頃のことである。

「学生の身分」と書いたが、戦前期を通じて法規のうえで学生と生徒は峻別《しゅんべつ》されており、高等学校や専門学校は生徒、大学生だけが学生と呼ばれていたことを確認しておこう。大正七年の大学令公布までは、正規の大学といえば帝国大学のみであったから、帝大生だけが学生だったことになる。前にも書いたが、慶應や早稲田などの私学は「大学」を称することは認められたものの、制度上は専門学校であり、法規上の呼称は生徒であって学生ではなかった。

その「学生」が卒業すると「学士」になるのだが、学士の称号も、正式には帝国大学卒業者だけに認められたものであった（ただし札幌農学校本科と東京高等商業学校専攻部の卒業者は例外で、学士を称することを認められていた）。大学令に準拠する正規の大学となる以前の私立大学の卒業生には、たとえば慶應義塾文学士、早稲田大学政学士のように、校名を附した学士称号が許されただけであった。

つまり「学士様」とは、帝国大学卒を指す言葉であり、「学士会」といえば、そのまま帝国大学卒業者の団体を意味したのである。

表7－1　帝国大学の入学者・卒業者数（人）

	校数	入学者	卒業者
明治23	1		196
33	2	718	428
43	3	1596	1274
大正9	5	2395	2597
昭和5	5	5435	4687
15	7	5628	4817

学部学生のみ。大学院・予科・専門部を除く

『文部省年報』各年度より作成

明治・大正期の帝大生がいかに特権的な身分であったか、さらにいえば、後で述べるように帝国大学以外の官公私立大学の設置を認める大正七年の大学令の公布が、大学制度だけでなく学生生活にとっても、いかに大きな転換を意味

表7-2　東京帝大入学者の年齢（年・月）

	明治38年			昭和10年		
	最長	最少	平均	最長	最少	平均
法	32.8	20.1	24.0	30.9	18.8	21.1
医	33.0	20.2	25.2	27.9	19.2	21.4
工	27.10	19.3	22.11	25.9	18.8	20.10
文	33.2	20.8	24.8	33.6	19.1	21.7
理	25.10	19.2	21.6	26.5	19.1	21.1
農	28.8	21.5	24.1	30.2	18.1	22.1
経				30.8	16.6	21.2
全体				33.6	16.6	21.4
高校	26.1	17.0	19.9	29.7	15.4	18.2

『文部省年報』各年度より作成

したかがわかる。

「大人」の学生たち

その明治・大正期の帝大生たちは、今と比べて精神的だけでなく年齢的にもはるかに「大人」であったことが、文部省の調査からわかっている。

調査といえば、文部省が明治五（一八七二）年から毎年刊行している『文部省年報』は、とくに戦前期の帝国大学について、データの宝庫といってよい。調査項目には時代によって変遷があり、政策的な問題関心の変化が読み取れる。その一つ、明治三〇年代の中頃に登場して、その後一貫して調査されている項目が入学者の年齢である。

表7－2は東京帝大を例にそれを見たものだが、明治三八年度入学者の平均年齢は医科大学が最高で二五年二か月、最低の理科大学でも二一年六か月で

あったことがわかる。この時期、修業年限は法・医が四年、それ以外は三年であったから、順調にいっても卒業生の平均年齢は三〇歳に近づいてしまう。実際に明治三八年度の卒業者の平均年齢は医科で二八年一一か月、法科で二七年七か月、理科大学でも二六年三か月であった。

人生五〇年がいわれた時代である。平均卒業年齢が三〇歳に近いというのでは、せっかく育て上げたエリート候補者たちの社会的に活躍可能な年数が、短すぎるではないか。こうして調査結果は卒業までの年限短縮、そのための高等学校・大学予科制度の廃止を中心とした、学制改革の重要な論拠とされるようになった。

なぜそれほどに入学者の年齢が高いのか。明治三〇年代の学校制度を見ると、六歳で入学する義務制の尋常小学校が四年、高等小学校二年、中学校五年、高等学校三年の計一四年が、帝国大学にたどり着くまでに要求された所定の修業年限であった。帝国大学の最少入学年齢が二〇歳前後なのは当然ということになる。それだけでも現在の大学入学者の年齢よりずっと高いのに、平均年齢がさらに高く二四歳、二五歳になってしまうのはなぜか。それは帝国大学の門にたどり着くまでが学力による厳しい選抜の連続であり、天下の大秀才といえども、その険しい山道を登りきるのは容易ではなかったからである。

受験競争と年限短縮論

大秀才たちは、中学校までは順調に進学したことだろう。その中学校の入学試験も厳しかったが、入学後ちょっとサボって、定められた点数以上の成績を取らなければたちまち落第である。二年続けて落第すれば否応なく退学させられる。そして卒業すると、高等学校の厳しい入学試験が待っている。明治三八（一九〇五）年度の高等学校入学者の最少年齢一七年に対して、平均年齢は一九年九か月だから、ここまでに二年以上余分にかかっていた計算になる（ただし、この頃は小・中学校の三月卒業に対して、高校・帝国大学はまだ九月入学であり、六か月の空白期間があったことを付け加えておく）。

入学後の厳格な落第・退学の制度は、高等学校も大学も、中学校と同様であった。大切に育て上げた学士たちに、国家・社会のためにより長く働いてもらうためには、なんとかして卒業に至る年数を短縮する必要がある。それだけでなく、帝国大学進学に固執し浪人を重ねる若者たちが多かったから、それに応じて他の高等教育機関、とくに高校入試に失敗し、あきらめて私立専門学校等に入学する者の年齢も上がっていくことになる。社会的・国家的なロスは大きい。それが入学試験制度の改革、高等学校・帝国大学の秋入学制廃止、さらには高等学校・大学予科の年限短縮や廃止にまで、議論が発展した最大の理由であり、明治・大正期を通じて、卒業までの年数短縮は高等教育政策の中心的な課題とされることになった。

いずれにせよ多くが入学時にすでに二〇代前半というのが、明治・大正期の帝大生の姿であった。いまでいえば大学院の博士課程の学生に近い年齢の、しかも最高学府で欧米諸国の最先端の学問を学ぶ帝大生たちがエリートの卵、というよりエリートそのものであり、社会的に発言権を認められた一目置かれる存在だったことは間違いない。実際に、思想や文学の世界で名をはせる学生も少なくなかった。

試験漬けの帝大生

そのエリート学生たちにとって、学生生活の最大の悩みは試験であった。たとえば明治二八（一八九五）年度の『東京帝国大学一覧』を見ると、各分科大学それぞれに試験に関する詳細な規定を設けていたことがわかる。

法科大学を例にとれば、試験は「通常試験」と「卒業試験」の二種類に分かれ、通常試験は第一から第三の各学年末に、卒業試験は第四学年末に実施されることになっていた。この時期、授業科目はほとんどが必修で、学年ごとに割り振られており（学年・学級制）、しかも教科書もなく講義主体だったから、学生は懸命にノートを取り試験に備えなければならなかった。成績は絶対評価で各科目五〇点以上が合格、全科目の平均点が六〇点以上なければ進級も卒業も認められない。それだけでなく、一科目でも落とせば次の年度にまた全科目を受けなおす必要があった。

専門分野により若干の違いはあるものの、こうした学年制・必修科目主体・講義中心・成績の絶対評価、全科目合格による進級・卒業試験の実施などは、法科に限らず他の分科大学にも共通していた。つまり入学まではいうまでもなく、入学後の帝大生の学生生活も、息の抜けない試験の連続だったことになる。そして法科大学卒業者の場合には、さらに最大難関とされた高等文官試験が待ち構えていた。

帝国大学のこうした試験中心の教育のあり方は、早くから一部の関係者によって問題視され、前にも触れたように、明治三〇年新設の京都帝大では改善に向けて、果敢な挑戦が試みられたことが知られている（潮木守一『京都帝国大学の挑戦』）。

学年制をやめ、学生は科目ごとに履修登録をする「科目制」を導入し、試験は不合格の科目だけを再受験させ、全科目の合格点がそろえばいつ卒業試験を受けてもよい、修業年限も「三年以上六年以内」と緩やかにするという、ドイツの大学をモデルにした革新である。しかし、この革新は長続きしなかった。とくに法科の場合、これでは高等文官試験で東京帝大に太刀打ちできないというのが、革新の挫折した最大の理由であったとされている。

卒業成績と恩賜の銀時計

帝国大学で試験がいかに重視されたかは、たとえば東京帝国大学が毎年刊行していた『大学一覧』の末尾に掲載された卒業者名簿からもわかる。明治・大正期の名簿を見ると、それは各分科大学・学科ともイロハ順でもアイウエオ順でもなく、成績順に並べられていた。

有名人のそろった明治二八（一八九五）年度の法科大学政治学科の卒業者三〇名の名簿を例にとれば、小野塚喜平次《おのづかきへいじ》（のちに東大総長）が一番、浜口雄幸《はまぐちおさち》（首相）三番、高野岩三郎（東大教授）六番、伊沢多喜男（警視総監）が最後から二番目であったのを知ることができる。こうして可視化された卒業試験の成績は、学士たちに終生つきまとうことになった。

極めつきは、長い試験生活の最後を飾る卒業試験に無事合格して迎える卒業式で、成績最優秀者に天皇から下賜された「恩賜の銀時計」である。

その卒業式だが、最初に挙行された東京大学時代の明治一〇年には、来賓の筆頭が神田孝平《かんだたか ひら》文部少輔《しょうゆう》という簡素なものであった。それが一大行事となり、「ほとんど国家的式典の色彩を帯びる」（『東京大学百年史』通史一）ようになったのは、明治一九年の帝国大学創設以降のことである。総理大臣伊藤博文・内大臣三条実美《さんじょうさねとみ》・司法大臣山田顕義をはじめ、三〇〇名を超える臨席者のもとに挙行された第一回のそれは、まさに「帝国」大学の卒業式であった。

式には、皇太子や親王の臨幸《りんこう》がしばしばあったが、明治三二年には明治天皇みずからの臨御があり、その際、優等生二二名に銀時計が下賜され、以後それが慣例となった。明治三二年に始まり、大正七年まで続いたこの制度のもとで、長い試験勉強の末にその栄誉にあずかったのは、東京帝大の場合、総数三二三名、年平均一六名程度であったことがわかっている（『東京大学百年史』通史二）。

他の帝国大学の場合にも、さすがに天皇の臨御こそなかったが銀時計の下賜は行われた。たとえば京都帝大では「卒業式には必ず皇族が臨席され、恩賜品授与には特に侍従が差遣わされ」たし（『京都大学七十年史』）、東北帝大でも「文部大臣が臨場するのが常」であった（『東北大学五十年史』）。帝国大学がいかに帝国の、国家の大学として、あまたある高等教育機関のなかで別格扱いされていたかがわかる。

立派な卒業証書

長年の研鑽《けんさん》の証《あかし》として渡される卒業証書も、いまとは比べものにならぬ立派なものであった。『東京大学百年史』（通史一）の口絵には、明治二五（一八九二）年卒業の水野錬太郎《みずのれんたろう》の証書が示されているが、冒頭に氏名を記した後に「法科大学法律学科ヲ修メ定期ヲ歴《へ》テ〔卒業〕試問ヲ完ウシ正ニ其業ヲ卒《お》ヘリ仍《よっ》テ之ヲ証ス」という一文があり、以下合格した各科目の担当教授の、「法科大学教授従五位法学博士」といった肩書付きの署名と印が並び、さらに「各教授ノ証明ヲ認了シ授クルニ帝国大学ノ印ヲ鈐《けん》シタル卒業証書ヲ以テシ本科ノ学業ニ堪能ナルヲ証ス」とあって、最後に帝国大学総長の署名と印がくる。「試問ヲ完ウ」することと、すなわち卒業試験に合格することが、卒業の最重要の要件とされたのである。

この卒業証書については、どこにも「学士」という文字がないことに注意したい。それは、分科大学通則に「各分科大学卒業生ハ其学科ニ従ヒ法学士、医学士（中略）ト称スルコトヲ得」とあるように、戦前期を通じて学位は博士のみであり、学士は学位ではなく卒業生に許された「称号」にすぎなかったことと関係している。

学士という称号

実は帝国大学以前、学士は学位であった。東京大学時代には、博士の学位はまだなく、卒業生全員に学士の学位が授与されていた。帝国大学に統合された他官省庁立の専門学校も、たとえば工部大学校や駒場農学校は卒業生に学士の学位を与えており、とくにイギリス風の工部大学校は、卒業時の成績によって卒業生を三等に分け、卒業成績八〇点以上の一等卒業生には工学士の学位を授与するが、二等は数年の経歴を見て認め、三等は学位を与えないという厳しさであった。

帝国大学発足とともに、学士がなぜ学位ではなくなったのか明らかではない。しかし明治一九（一八八六）年三月の「帝国大学令」には「分科大学ノ学科ヲ卒ヘ定期ノ試験ヲ経タル者ニハ卒業証書ヲ授与ス」とあり、また二〇年五月の「学位令」が「学位ハ博士及大博士ノ二等トス」としたことで、学士は学位ではないことが確定した（なお「大博士」号は授与されることなく終わっている）。

その学士を卒業生に「称号」として認めるとしたのは、文部大臣の森有礼だったことがわかっている。分科大学卒業生は「学位ヲ授与スヘキ資格ニ至」らないが「数年間精究ノ功ヲ積ミ大学ノ教科ヲ卒ヘタル者」だから、「一般学校卒業生トモ異」なる。したがって「卒業証書ヲ授与スルノ外尚其学力ヲ標章スル為メ学位ニアラサル一種ノ称号トシテ法学士医学士（中略）等ト称スルヲ得セシメ」たい、というのが森の主張であり、閣議に諮って決定したのが二〇年六月であった（寺崎昌男『東京大学の歴史』）。

厳しい試験を経て日本帝国の唯一の大学を卒業し、成業した学生たちである。社会的な「標章」となる称号をまったく認めないというのは、おかしいのではないかという意見が、文部大臣だけでなく関係者の間に強かったことが推測される。

学士会の発足

「学士」という称号は、帝国大学卒業者の同窓会組織としていまに続く「学士会」の歴史にも深くかかわっている。

学士会は、明治一〇（一八七七）年から一九年まで、東京大学の総長にあたる「綜理」を務めた加藤弘之《かとうひろゆき》の退任の際、その人柄を慕って卒業生、つまり学士や教官・学生・職員などが集まって開いた謝恩会が発端とされている。一九年五月には創立委員会の第一回集会が開かれ、学士会の名称が決まり、次いで六月に最初の会則が定められた。第一条に「本會ハ帝国大学ニ関係アル学友相会シ友情ヲ保チ親睦ヲ厚クスルヲ以テ目的トス」とあり、第二条で「本會ヲ名ケテ学士會トイフ」とし、第三条で会員資格を「第一類　法学士　法律学士　理学士　工学士　医学士　準医学士　製薬士　文学士、第二類　帝国大学ニテ分科大学又ハ大学院ヲ卒業シタル者、第三類　帝国大学ノ教授助教授、第四類　本會ノ特撰ニ係《かかわ》ル者」と定めている。

ここでいう学士が、前身校での学士学位取得者を指すことは、法律学士（司法省法学校）、準医学士・製薬士（東京医学校）が含まれていることからも明らかである。この会則は明治二〇年一二月に改正されて、会員資格は「第一類　博士学士及大学本科卒業ノ者、第二類　帝国大学ノ教授助教授及教授助教授タリシ者、第三類　本會ノ特撰ニ係ル者」と改正されたが、ここでの学士も同様であり、「大学本科卒業ノ者」が帝国大学卒業者、つまり「学士の称号」を認められたものに相当する。

二一年三月には帝国大学構内に事務所が設置され「同窓団体としての性格をもった学士会が、その基礎を確立した」と『学士會百年史』は記している。『学士會会報』の前身の「月報」が継続的に刊行されるようになったのは、二一年六月からである。学士会はそのような経緯を経て団体としての基盤を固め、帝国大学とともに発展を遂げることになる。

明治二〇年代には、たとえば慶應義塾や東京専門学校（早稲田大学）などにも、卒業生による校友会・学友会などの設立の動きが広がっていく。そうしたなかで、わが国最初の同窓会ともいうべき学士会の独自性は、京都・東北・九州と次々に新設される帝国大学の卒業者を順次会員に加えていったところにある。学士会は、まさに「学士様」の会であった。

それは帝国大学以外の大学の設置が認められ、したがって「学士ノ称号」が、帝国大学に限らずすべての大学卒業者に認められるようになった後も変わることはなかった。学士会の存在は、七校（それに植民地の二校）の帝国大学が「兄弟（姉妹）」であることの、なによりの証というべきだろう。

第八章　大正デモクラシーのなかで

学制改革と帝国大学

大正デモクラシーの時代は、明治以来のさまざまな制度の見直しの時期でもあった。先に見たように学校教育制度の場合、それは「学制改革」論議の高揚となって現れ、最高学府である帝国大学をも巻き込み、その結果として帝大生の生活も大きく変わることになった。

後でまた触れるが、帝国大学には、各分科大学から二名ずつ選任された教授による「評議会」と呼ばれる組織が置かれており、その評議会は「文部大臣又ハ帝国大学総長ヨリ諮詢《しじゅん》ノ件」を審議すると同時に、「高等教育ニ関スル事項ニ付意見ヲ文部大臣ニ建議スル」権限を認められていた。つまり帝国大学、とくに首都所在の筆頭帝大には学制改革論議に積極的に発言することが期待されていたのであり、その論議のなかには帝国大学制度自体の改革問題も含まれていた。

実際に大正三（一九一四）年に、東京帝大評議会は文部省の「帝国大学制度改正案」について意見を求められ、東京高等商業学校を商科大学として分科大学に加えることに反対し、また学士の称号を学位に変更することを要請する等の決議を提出したことが知られている（『東京大学百年史』資料二）。

その後大正六年になって、学制改革論議に決着をつけるため、東京帝大総長の山川健次郎《やまかわけんじろう》自身も委員として加わる内閣直属の「臨時教育会議」が設置され、大学教育の改革が議論されるようになると、東京帝大は学内に「帝国大学制度調査委員会」を設置し、そこでの審議結果を、評議会での決定を経て上申書の形で文部大臣に提出した。

上申書には、大学の自治に関するものを含めてさまざまな改革提言がなされているが、学生生活との関連で注目されるのは「本学ニ於テ改正ノ手続ヲ為スヘキ分」として、①「学年学級制ヲ廃止スルコト」、②「優等生ヲ廃止スルコト」、③「卒業式ヲ廃止スルコト」、④「試験ノ方法」（「科目試験ノ結果ニハ数字評点ヲ廃スルコト」「試験ノ成績ニ段階ヲ設クルコト」「総評ヲ付セサルコト」）、の四つの項目が挙げられている点である。

試験重視の教育批判

互いに関連しあったこれら四つの提言の核心は、帝国大学における試験重視の教育批判にあったといってよい。上申書を参考にしたと思われる臨時教育会議の大学教育に関する答申の「希望事項」の項を見ると、そのことがよくわかる（『資料臨時教育会議』第一集）。

(1) 大学は「学術ノ攻究ヲ目的トスル」ところであり、「学生自ラ学術ヲ研究スルノ風ヲ存」するのでなければならない。ところが「我国従来ノ学風」は、実験は別として、「概《おおむ》ネ教授ノ講義ヲ聴聞筆記シ之ヲ記憶シ試験ニ及第スルヲ以テ能事了《よくことおわ》レリトスルノ弊ニ陥リ、自修独創ノ学風ノ不振ヲ来」たしているのは「大学教育上ノ一大欠点」である。今後は大学制度の改正とともに、「従来ノ受動的ノ学風ヲ改新」し、「教授指導ノ下ニ自ラ学術ヲ研究セシムルノ方針ヲ取リ、大学ノ学風ヲ一新」することが望まれる。

(2) 現行の「学級〔学年〕制」は、学生の「自ラ学習スルノ自由範囲ヲ狭小」にするだけでなく、「徒《いたずら》ニ試験勉強ノ弊ニ陥」らせるものである。学生は一科目でも「落第点ヲ取レハ進級スルヲ得サルヲ以テ、勢ヒ講義ノ筆記、記憶ニ全力ヲ傾注セサルヲ得」なくなる。「科目制」にすれば、学生は「自由ニ各学科目ニ就テ試験ヲ受」けることができるから、「各自研究セムト欲スル科目ニ就テ十分ノ研究」をすることが可能になる。大学は「成ルヘク学級制ヲ廃シテ科目制トナシ、学生ヲシテ其ノ選フ所ノ科目ヲ随意ニ学習」させる道を開くべきである。ただし「科目制」を導入する場合にも、

「学士ノ称号」を得ようとする者については、「一定ノ科目ヲ修メシメ、之カ試験ヲ行」う必要がある。

⑶その試験だが、「成績ヲ点数ニ依リテ評定」したのでは、学生は「得点ニノミ汲々《きゅうきゅう》トシテ自学自習ノ気風ヲ減殺シ、常ニ筆記帳ノ作成読誦《どくじゅ》ニ齷齪《あくせく》タルニ至」ってしまう。「仮令《たとえ》試験科目ヲ設クルモ、点数ニ依リテ成績ヲ評価スルカ如キ制」は、廃止すべきである。

教育の革新へ

学生の自発性・自主性を認めず、構造化された必修主体のカリキュラムのもとで、講義中心の知識注入型の専門教育を行い、点数主義の厳しい試験でその成果を問い、進級・卒業を決める――それはいかにも近代化の後発国らしい、効率重視のキャッチアップ型人材養成システムであり、恩賜の銀時計につながる優等生制度も、天皇臨御のいかめしい卒業式も、こうした教育のあり方と不可分に結びついていた。

しかし、それではいつまでたっても、学問の府として欧米先進国の大学と肩を並べることはできない。先に触れた京都帝大の革新があえなく潰《つい》えてから一〇年足らず、そうした効率第一の硬直した教育のあり方に対する厳しい反省と批判が、東京帝大の内部でも力を増しつつあったことがわかる。

大正前期は、帝国大学卒業後、欧米の一流大学で最先端の学問に触れて帰国した新世代の教授たちが多数を占めはじめた、教授陣の世代交替の時期でもある。旧態依然たる帝国大学の教育研究の現実に強い危機感を抱いた彼らが、改革の推進者として登場してきたのである。

廃止された卒業式と銀時計

委員会と評議会での審議経過を見ると、学年・学級制の廃止、試験結果の点数評価から段階評価への移行はすんなり決まっている。優等生制度と卒業式の廃止については意見が分かれたが、採決の結果、前者は賛成八八・反対五三、後者も賛成八九・反対二九で、どちらも廃止と決まった（『東京大学百年史』資料二）。これによって成績順の卒業者名簿は姿を消し、恩賜の銀時計も天皇の大学臨幸もなくなったのだから、大きな変化である。

それにしてもなぜ銀時計と卒業式の廃止だったのか。

『東京帝国大学五十年史』によれば、「大学の業を卒《お》ふるは実に学界に棹《さお》さすの始めなるに拘《かかわ》らず、或は卒業は即ち学問を終ることと誤解して小成に安んずる者あり、又恩賜賞品の下賜は、明治天皇教学のことを重んじたまふ聖意に出でたるものにして、拝受者に取りては光栄の極みなるは言ふまでもなけれども、或は恐る、恩賜を拝するの栄誉に浴せんが為めに努力勉励し、只管《ひたすら》他に優らんことを欲するの弊あらんことを」というのが、その理由であった。

卒業式の廃止については、それが「卒業という制度」そのものの廃止の結果でもあったことも併せて指摘しておくべきだろう。大正七（一九一八）年公布の「大学令」を見ると、「学部ニ三年以上在学シ、一定ノ試験ヲ受ケ之ニ合格シタル者ハ学士ト称スルコトヲ得」（第一〇条）とあるだけで、卒業・卒業証書という言葉はない。なぜ「卒業」でなく「合格」なのか。『京都大学七十年史』は、その趣旨を次のように説明している。

「従来は分科大学の課程を終わり、定められた試験を経た者には卒業証書が与えられ、卒業あるいは卒業試験ということを認めていた。しかし学術の蘊奥を極める大学において、修業年限を設け、一定の課程を強いるのは不可であるとして、『卒業』の語を廃し、ただ学部に三年以上（医学を修める者は四年以上）在学し、一定の試験を受けて合格した者には学士と称することを認め、その最短在学年限を制限するに止《とど》めた」ものである。

卒業がなければ、卒業証書も卒業式も不要になる。かつての大仰な卒業証書は、「京都帝国大学某学部ニ属スル学科ヲ修メ大学令第十条ノ学士試験ニ合格シタリ仍テ之ヲ証ス」という「合格証書」に簡略化され（『京都大学七十年史』）、「大学行事の最盛儀とされた、従来のはなばなしい卒業証書授与式」の代わりに「新卒業生は印鑑持参で事務室に行き、人定審問のうえ」合格証書を受け取るだけになった（『九州大学五十年史』通史）。

さすがに行き過ぎということになったのか、昭和三（一九二八）年頃には卒業式を復活させる大学が現れたが、大正デモクラシーの一環として帝国大学の、「帝国」の大学としての「特権性」を薄め、同時に教育研究の自由と自治を認める動きが、そうした形で進展しはじめたのである。

秋入学から春入学へ

数年前に東京大学が提案して大きな話題になった大学の入学時期が、秋から春に変わったのも、大正デモクラシー期のことであった。

明治初年には学校により異なっていた入学時期が、小学校・中学校について四月に統一されたのは明治二〇年代のことである。高等教育機関の場合には、その後も高等学校・帝国大学は九月であり、他の学校、とくに私学はまちまちであったが、次第に四月入学に移行していった。

文部省は先に触れた年限短縮の必要もあり、大正二（一九一三）年にすべての教育機関の四月入学移行をはかったが、帝国大学とその予科である高等学校だけは、頑として九月入学を譲らなかった。東京帝大の評議会ではいったんは移行を決定したが、実施方法をめぐって分科大学間で意見が分かれ、結局見送られている。大正七年になって、先の帝国大学制度調査委員会で再度検討されたが、この時も合意が得られず、しぶしぶ実施を決めたのは大正九年になってからであった。

この問題はその後もくすぶり続け、『東京大学百年史』によると、昭和一〇（一九二五）年にはもう一度九月入学に戻る案が検討されている。文系学部や理学部は夏休みで授業が中断されるのを問題視したのに対して、工学部や農学部は夏休みが一回分失われることになり、実習や実験に差し支えると主張するなど、学部間の利害対立があったことが知られており、議論百出して結論には至らなかった。

しかし、帝国大学だけが九月入学に固執すれば「高等学校以下ノ諸学校トノ連絡困難」になり、修業年限も伸び、新たな混乱を呼ぶ恐れがある。帝国大学だけが特権的な立場を主張できる時代では、すでになくなっていたのである（『東京大学百年史』通史二）。

学生生活調査

こうした一連の改革によって授業や試験、さらには卒業式や学年暦など学内の諸制度が大きく変わる一方で、帝大生たちを取り巻く外部環境も、世界的な大恐慌と就職難、社会主義の台頭と思想弾圧、そして戦時体制への突入と、歴史の激動期を迎えていた。帝大生たちは吹き荒れる時代の嵐に揺さぶられて、昭和という時代を生きることになる。

その激動期の学生生活を具体的に描くのに必要な紙数はないが、帝大生たちの平均的な実像をデータによって示すことは不可能ではない。それはこうした一連の変化が、学生たちを「厚生補導」の対象としてとらえ、その生活実態を把握する必要性を、学校当局や文部省に認識させる役割を果たし、昭和期に入ると多くの大学・学校が「学生生徒生活調査」を実施するようになったからである。

昭和一三（一九三八）年には、文部省による大規模な全国的調査も行われている。全体で約六万人、帝大生だけでも一万人に近い大サンプルの調査である。そこから浮かび上がってくる帝大生の姿を、調査結果から見てみよう（文部省教学局『学生生徒生活調査』）。

まず帝大生の年齢だが、高等学校や大学の数を増やし、中学四年修了での高校受験を認め、また入学時期を秋から春に移すなど、受験競争緩和と年限短縮の努力を重ねた結果、かなり下がったことは先に見た通りだが、それでも二一歳以下は一〇％にすぎず、二二～二四歳が五九％、二五歳以上も三一％を占めていた。

出身地域の都市と農山漁村別を見ると、都市出身者が七六％と圧倒的多数だが、それは彼らの親の職業ともかかわっている。すなわち親の職業別は、銀行会社員一六％、官公吏一二％、教員九％と、都市居住主体の俸給生活者が全体の三七％を占め、これも都市部に多い商業の一四%を加えれば半数を超える。この時期最大の職業であった農業は一二%にすぎなかった。注目されるのは、二一%を占める「無職」層の存在である。この多数の無職層のどれほどが、職業につく必要のない資産家や裕福な金利生活者であったのかは明らかではない。しかし次に見る学資の負担能力からすると、帝大生には豊かとはいえない家庭の出身者も少なくなかったことが推測される。

楽ではなかった経済生活

その帝大生の家庭の学資負担能力だが、調査結果では、「容易」三三%、「可能の程度」五三%、「困難」一四%となっている。これだけでは、帝大生が経済的に恵まれていなかったのかどうか、なんともいえない。しかし「容易」とする者が官公立大学で四二%、私立大学四八%、高等学校五一%、「困難」とする者が同じく八%、五%、四%という、他の大学・学校の数字と比べてみると、帝大生が豊かではないどころか、相対的に貧しかったことがうかがわれる。とくに親が無職の帝大生の場合には、「困難」とする者が一九%にも及んでいた。

このことは、財閥系企業に採用された帝大卒の初任給が七〇円前後という時代に、年額一二〇円の授業料を除いても平均月額四七円の高い学費を、二〇歳代の半ばになっても負担し続けなければならなかったこととも無関係ではないだろう。

学資の出所を見ると、「家庭のみ」が八〇%と圧倒的に多数を占めているが、「内職」をする者が五%、一%はそれだけで学費を賄っており、学資稼ぎのアルバイトに精を出さざるをえない帝大生も少なくなかったことがわかる。内職の種類では家庭教師が八八%で最も多く、帝大生らしく翻訳で稼ぐ者(一〇%)もいた。なお、この時期には公的な奨学金制度はまだなく、私的な育英資金を得ていた帝大生も一%に満たなかった。

文部省調査では学資金の使途別の内訳はわからないが、同じ昭和一三(一九三八)年に東京帝大が単独で実施した調査結果によると、それは次のようになっていた。

居住形態が自宅かそうでないかで、支出額もその内訳も大きく違ってくるのはいまと同じである。集計は両者別々に行われており(カッコ内は自宅と自宅外、月額。単位は円)、総額(二七、五二)、間代家賃(〇、一〇)、食費(四、一七)、書籍文具代(一〇、一一)、通学費(三、二)、その他(一〇、一二)となっている。経済的に楽ではない帝大生たちが、書籍の購入には多額の出費を惜しまなかったことがわかる(『東京帝国大学学生生活調査報告・昭和一三年』)。

ついでに居住形態を見ておけば、自宅三五%、寄宿舎六%、下宿三八%、間借六%、アパート四%などとなっており、下宿や間借が依然として一般的である一方で、アパートという新しい居住形態も現れはじめたのが昭和一〇年代であった。

勉強と娯楽と

書籍代に多くを費やす彼らは勉強熱心でもあった。調査には、「講義外の一日平均勉強時間」という項目があるが、それによると二〜三時間が二六％で最も多く、三時間以上が四一％、六時間以上という猛勉家も四％いたことが知られる。三時間以上の勉強家は私立大学でも三七％を占めていたから、帝大生の勉強時間が際立って長かったわけではない。ただ、昭和九（一九三四）年の東京帝大生調査によると、実験・実習の多い理工系学部と文系学部では大きな差があり、高等文官試験を目指す法学部では、三時間以上が七五％、六時間以上も八％いたことがわかる。

もちろん彼らも、勉強ばかりしていたのではない。「趣味娯楽」という調査項目もあり、映画鑑賞が帝大生で四七％と、ダントツの一位にあげられている。その趣味娯楽については、学生生活調査に先鞭《せんべん》をつけた東京帝国大学の学生について、第一回の大正一四（一九二五）年から、以後ほぼ五年おきに繰り返された調査の結果を踏まえて、変遷を記した興味深い一文がある。

大正十四年の調査に現れた、娯楽の第一位は囲碁であり、第二位は音楽、第三位は観劇、第四位に映画がある。それが昭和四年になると、囲碁は依然として第一位であるが、音楽が第三位に下り、映画が第二位に上つた。更に九年になると、映画は終《つい》に第一位に躍進し、囲碁は第三位に落ち、音楽は依然として第二位であつた。この頃から他の学校の調査に於ても、第一位を占めるのは映画であつて、以後、双葉山《ふたばやま》のやうに、その位置を確保し、昭和十三年も第一位、音楽が依然第二位、永年三役の地位を離れなかつた囲碁は終に陥落して第五位となり、スポーツが第三位、観劇が久しぶりに台頭して第四位を占むるに到つた。九年の時には、映画と音楽との差は余り著しくなかつたが、十三年には、前者は後者の倍以上の数を示してゐる。現在の一般的傾向としては、文学的興味の復活、勝負事の減退、スポーツの隆盛等である。（大室貞一郎『学生の生態』）

帝大生たちも、時代の子であったことがわかる。

第九章　官から民へ――職業の世界

行政官僚の養成へ

高等教育制度の中で特権的な地位を保証された帝国大学の、エリートの卵と見なされた学生たち――彼らは卒業後に、どのような職業や社会的活動の場を選択したのだろうか。

明治初年、官立の高等教育機関に対する期待は、政府主導で開始された近代化・産業化の推進に必要な人材、とりわけ専門官僚の養成にあった。やがて帝国大学に統合される司法省の法学校、工部省の工部大学校、農商務省の東京農林学校は、校名からわかるようにいずれも専門官僚の養成を目的に設置された学校である。それに対して文部省所管の東京大学は、唯一の総合大学でありながら設置目的が曖昧《あいまい》であり、影の薄い存在であった。伊藤博文ら政府首脳がそのことに強い不満を抱いていたことが、明治一六～七（一八八三～八四）年頃の起草とされる官僚任用制に関する文書、「文官侯生《こうせい》規則案」からうかがわれる。そこには次のように書かれている。

現状では技術官や司法官の養成機関はあるが、「独リ行政官ニ至リテハ、之ヲ養成スルノ場所」がない。「文部省ノ大学ハ、即チ此任ニ当ラザルヲ得」ないのだが、現実にはそうなっていない。「今日ノ大学卒業生ハ、多年蛍雪ノ労ヲ嘗《な》メ、政府亦一人ノ為ニ数千ノ金ヲ費やして育てたものである。ところがその卒業生を「実際ニ任用スルノ方法」には「漠トシテ定則」がない。これではまるで「種子ヲ下スヲ知リテ、其収穫ヲ忘」れているようなものではないか（『秘書類纂《るいさん》・官制関係資料』）。

こうした認識から明治一九年に進められたのが、①東京大学を核に「国家ノ須要」に応ずることを使命とする帝国大学を創設し、②法科大学を行政官の養成の場にする、③法科大学を帝国大学の筆頭分科大学と位置づけ、その長は総長が兼ねるものとする、④国家試験による官僚任用制度を整備し、法科大学卒業者に無試験任用の特権を認める、という一連の制度改革である。

帝国大学は、これによって名実ともに日本「帝国」の大学になった。

帝国の人材養成基地

もちろん、帝国大学の役割は、行政官僚の養成に限られていたわけではない。しかしそれがすべての専門分野を通じて、なによりも「民」ではなく「官」セクターの、言い換えれば国家の必要とする人材の養成・供給の役割を期待された大学として出発したことは疑いない。

明治二四（一八九一）年度の『日本帝国文部省年報』の帝国大学の項を見ると、明治九年から二四年までの卒業生一四九一人の「就職ノ如何」についての調査結果が掲載されている。その内訳は行政官・司法官二一％、官庁技術員・医員二五％、府県立学校教員二〇％、その他（会社技術員・開業医等）三五％となっており、政府機構を中心に三分の二が、「官」セクターで働いていたことになる。帝国大学は、その前身諸校を含めて、政府主導で開始された近代化・産業化に不可欠の人材養成基地だったのである。

世人の批判

そうした官僚養成主体の帝国大学に、明治も三〇年代の末になると社会の厳しい目が向けられるようになったことを、明治初年以来の教育成果のレビューを試みて文部省が作成した報告書『教育ノ効果ニ関スル取調』（明治三七〔一九〇四〕年）の記述から知ることができる。

それによれば「世人、政府施設ノ教育ヲ非難スルヤ、第一ニ官吏養成ヲ主眼トセシヲ云フ」。これは「官立学校卒業者カ、従来多ク官途ニ就ケルモノアルヲ見」てのことだろう。しかしそれは誤っている。「国家ハ最モ大ナル事業ヲ営メルモノ、コレカ局ニ当ルモノニハ学識経験アルモノヲ要スルヲ以テ、官立学校卒業者ノ官吏トナルハ非難スヘキコト」ではない。「卒業者ノ多数カ官吏トナレル原因ハ、政府ハ最モ進歩的ニシテ新知識ヲ要シ」ており、そのために彼らを登用してきたからである。また「比較的情実ノ弊少ナクシテ、驥足《きそく》ヲ伸ハサシメ」た結果であって、批判するには当たらない。それだけでなく、「近来ハ学校出身者ハ民間ニ在リテ種々ノ事業ニ従事スル」ようになっており、「将来ハ益々其傾向ヲ示」すことだろう。

創設から二〇年近くを経て、帝国大学卒業生の進路が変わり目に来ていたことがわかる。

明治四二年の就業状況

どのように変わろうとしていたのか。創設以来の卒業生で、就業している六六七五人の、明治四二（一九〇九）年時点での就業状況を見てみよう。

表9－1によれば、東京帝大卒業者全体の四四％が官公庁で働いていたのだから、官吏養成所視されたのも当然というべきだろう。二四％を占める学校教員もほとんどが官公立であり（当時、私立専門学校のほとんどは専任教員を持たず、非常勤講師に依存していた）、あわせて「官」セクターが六八％という比率は、明治二四年当時よりもむしろ高くなっている。「民」セクターは、銀行会社員がわずかに七％、会社技師の一一％を加えても二割に満たな

表9-1　東京帝大卒業者の就業状況（明治42年現在、%）

	法	医	工	文	理	農	計
官公庁	58	54	45	3	20	63	44
行政官	33	1		3		2	10
司法官	25						7
技術官		4	45		20	55	18
官公病院医		49					8
官庁獣医						6	1
民間	40	32	48	4	4	13	32
銀行会社員	18	1	2	1	1	2	7
会社技師			41		2	4	11
弁護士	10						3
開業医		31					5
獣医						1	—
その他業務	12		5	3	1	6	6
学校教員	2	14	7	93	76	24	24
計	100	100	100	100	100	100	100
構成比	29	17	26	14	6	8	100

『文部省年報』明治42年度より作成

かった。ただ、これはあくまでも全体の数字である。分科大学（学部）別に見ると、別の姿が浮かび上がってくる。

①文科と理科はこの時期、それぞれ九三%、七六%と、中・高等教員の養成に著しく特化していた。②医科は官公立の病院医が四五%を占めるが、開業医も三一%にのぼっている。③農科の卒業者は官僚の比率が最も高く、六六%に達している。④工科の場合にはすでに、会社技師など、民が四八%で官の四五%を上回っていた。官業の時代はとうに終わり、重化学工業主体の産業化が急進展しはじめていたことがわかる。

⑤問題は卒業者全体の三割を占める法科である。官対民が五八％対四〇％、行政官三三％対銀行会社員一八％、司法官二五％対弁護士一〇％という数字を見ると、「世人」の批判がもっともであったことがわかる。

ただ、先ほどの報告書も指摘しているように、産業化の進展とともに時代は大きく変わろうとしていた。「有限の官途に無限の人材を容」れることはできない。民間企業を目指す帝大生は年を追って増えはじめていた。

実業界への進出

明治期、帝大生が目指したのはなによりも、官僚や法曹、医師、中等・高等教員など、国家試験を伴う、しかし彼らにはその試験が免除された、資格職業群であった。

行政官への無試験任用制にはさすがに批判が強く、明治二六（一八九三）年に廃止されている。しかしその際、試験を予備試験と本試験に分け、帝大卒には予備試験を免除するとされたから、特権は形を変えて維持されていたことになる。判検事・弁護士については、その後も試験自体が免除されており、外交官試験だけが唯一の例外であった。こうした「法科大学特権」に終止符が打たれるのには、行政・司法・外交の三試験を統合した大正七（一九一八）年の「高等試験令」の公布を待たなければならなかった。

これに対して国家試験や資格試験と無関係な、「銀行会社員」の世界——実業界は、明治期を通じて私立では慶應義塾（三田）、官立では東京高等商業学校（一ッ橋）の卒業者の独壇場であった。

たとえば大正三年に出された受験案内書『中学卒業就学顧問』には、法科大学（赤門）も「経済学科と商業学科が増設されてから、実業界に走る好人物が多くなつた」としながら、しかし卒業者の「真の活動の舞台は、矢張官界であ」り、実業界では三田と一ッ橋に遠く及ばない、と書かれている。同じ大正三年刊行の錦谷秋堂《にしきやしゅうどう》『大学と人物』にも、実業界での「第一の勢力者は勿論《もちろん》慶應で、次が一ッ橋、赤門は何《ど》うしても第三位」だとある。

しかし同時に、そこでは変化の兆候も指摘されている。これまで実業界における帝大卒の「多くは、一度官界の相当な地位に進んだ後、民間の招聘《しょうへい》に応じて官を辞した連中であつて、卒業と同時に、直《すぐ》に民業に従事するに至つたのは、茲《ここ》四、五年来の現象だ」。しかし「流石《さすが》は赤門だ、比較的少数な人員でも、ナカナカ有力な地位を占有して居る。初めは何うかと思ふ人でも、ダンダン熟練が積むと、結局には〔帝国〕大学出の者が勝利を得る」（同書）。

帝大卒が、三田と一ッ橋の金城湯池であった実業界にも、着実に進出しはじめたことがわかる。そしてそれとともに帝大生たちは、否応なく「就職問題」に直面することになった。

就職難の時代

実業界との関係が深いのは、法科と工科の二つの分科大学の卒業生である。このうち工科の卒業生は早くから財閥系を中心に民間企業に進出し、しかも常に需要が供給を上回っており、三田や一ッ橋のような競争相手もいなかったから、就職問題に悩むことはなかった。これに対して法科大学の卒業生の場合には、就職の際の競争相手が多いだけでなく、産業化が進めば進むほど景気の変動に大きく左右されるようになった。明治四〇年代の受験雑誌には、早くも法科大生の就職難を報じる記事が掲載されている。

就職難が本格化したのは大正期に入ってから、第一次世界大戦終結後のことである。大戦は日本経済に空前の活況をもたらし、高等教育卒業者の雇用機会は一挙に拡大して「大学卒でなければ人でなきが如き、大学万能主義」を生み、進学熱をあおり、受験競争を激化させたが、その後に世界的な大不況と深刻な就職難の時代がやってきたのである（天野『高等教育の時代』下）。

この時代はまた、すでに見たように、大正七（一九一八）年の「大学令」の公布によって帝国大学以外の官公私立大学の設置が認められた時代でもある。高まる進学熱は私立大学への昇格ブームを引き起こしたが、そのほとんどは、「サラリーマン」と呼ばれるようになった銀行会社社員の養成を主目的とする、法・経済・商などの学部主体の大学であった。こうして増加する一方の供給と大きく変動する需要とが、大学卒業者の就職問題に構造的な変化を生み、帝大生たちを否応なく時代の波に巻き込んでいくのである。

学校斡旋と一括・定期採用

大きく変わったのは就職の仕組みである。

昭和五（一九三〇）年に刊行されたある就職案内書によれば、従来は「卒業生は学校当局に頼らず、自ら進んで種々の手蔓《てづる》を求め、就職を希望する銀行、会社、若しくはその他の大商店等に直接就職運動を行つたものであるが、今日は学校当局者が先き廻りして本年度卒業生の状況は斯《こ》うであると、卒業生の姓名、其の出身地並に学科等を記載したリストを各銀行会社に送達してその採用方を依頼して来るやうになつた（中略）会社側では一応そのリストを観《み》た上で、本年は何人位ゐを採用し度《た》い方針であるから適当な候補者を寄越《よこ》して呉《く》れと回答し、学校当局はこの銀行会社の採用人員申込に対して、適当な卒業生を夫々《それぞれ》各方面に振向けてゐる」（寿木孝哉『学校から社会へ』）。

つまり、新規大学卒の学校斡旋《あっせん》と一括・定期採用の時代がやってきたのである。

大学と企業の間にそのような関係が出来上がれば、就職難になるほど、「学校当局に於ては必死懸命になつて、各自校の卒業生を就職せしむべく、経済界各方面に照会奔走」せざるをえなくなる。実際に、昭和初年がいかに深刻な就職難の時代であったかは、表9－2の数字が示している通りである。とくに文系の就職率は低迷を続け、最低の昭和五年には官公立大学（その大多数は帝国大学）卒業者のうち就職者は三一％にすぎなかった。

表9－2　大卒就職率の推移（%）

	官公立		私立	
	文系	理系	文系	理系
昭和3年	53	71	49	67
4年	35	60	33	64
5年	31	59	29	53
6年	32	52	30	47
7年	41	69	31	66
8年	50	74	41	68
9年	58	79	50	84
10年	58	81	56	71

出典：伊藤彰浩『戦間期日本の高等教育』

就職貴族の受難

就職貴族ともいうべき東京帝大卒の場合にも、就職難に変わりはなかった。

それまで「教授又は各学部宛申込まれたる求人申込は、夫々適宜これを処理し、或は掲示して出願者をして必要な書類を提出せしめ、之に証明等の手続をなして申込者に転送し、或は教授に於て面会の上、下銓衡《したせんこう》をなし申込者に推薦」してきたが、就職率は年々低下し、昭和五（一九三〇）年には法・経済・文の三学部で四割を切るまでになった。

対策を講じざるをえなくなった大学は昭和六年、「財界の深刻なる不況により卒業生の就職難頓《とみ》に激甚を加へたるを以て、本問題に関し大学当局として如何なる方策を講ずべきか、研究する」ため、総長のもとに各学部長と法・経・文三学部の教授各一名を加えた「就職調査委員会」を設置している。もちろん東京帝大始まって以来のことである（文部省思想局『学校福利施設の概況』）。

事務担当の学生課は「就職時期に先だち『就職の栞《しおり》』と称するパンフレットを発行配布して、本問題に対する一般の理解と便宜を与へ、又其の取扱事項の一たる人事相談の一助として設けたる『学生人事相談会』を逐次開催して官庁会社等の採用者側の人事当路を招き、少数の学生に限つて出席せしめ懇談的に相談指導を受」けさせるなどの措置を取りはじめる（同前）。

これまで官僚志向の国家試験受験者が多く、また就職斡旋をもっぱら個々の有力教授に依存してきた東京帝大でも、不況下に企業への就職希望者が増えるとともに、組織的な就職対策に取り組まざるをえなくなったのである。

書生から学生へ

昭和戦前期を代表する社会評論家の一人・戸坂潤《とさかじゅん》は、帝大生に象徴される明治時代の「書生」と昭和期に入っての「学生」とを対比させながらこう述べている。

明治の「書生は大体素寒貧」であったが、「将来の社会幹部としての位置が約束されてあった。（中略）彼等に対する社会的信用と社会的寛大とはその結果」に他ならない。ところが時代が大正から昭和に移るとともに、「彼等卒業生が占めるべき社会幹部の椅子《いす》の数が少なくなり、又はその椅子が甚だしく不安定となり、又は精々末席の椅子しか与へられなくなつた」。それとともに「書生は学生へと変つた。或ひは近代的な学生へと変態を遂げた」。「学生の社会的地位は著しく変」わり、「彼らはもはや特殊に優遇されるべき社会的分子ではなく」なってしまった（三木清編『現代学生論』）。

大学の大衆化が始まり、帝大生たちもまたサラリーマン予備軍として、大衆の一員に加わるようになったのである。

帝大卒の就業状況

しかし、とはいっても、厳しい受験競争をくぐり抜けてきた帝大生たちが、ひときわ恵まれた地位を享受するエリートの卵であることに変わりはなかった。

表9－3は、明治以来の帝国大学卒業者のうち、就業者約六万人について昭和一〇（一九三五）年時点での状況を見たものである。

数字を見てまず目に付くのは、第一帝大である東京帝大の占める際立った存在感である。それは一校で五八％と卒業者全体の半数を上回り、第二帝大・京都の二二％の二・六倍にお

表９－３　帝国大学卒業者の就業状況（昭和10年現在、%）

	東京	京都	東北	九州	北海道	大阪	全体
官公庁職員	26	20	18	23	36	15	25
行政官	9	4	5	4	1		7
司法官	3	3	1	—			3
技術官	13	10	8	17	29	13	13
その他	1	3	4	2	6	2	2
民間企業等	46	48	31	29	31	38	44
銀行会社員	31	29	26	27	23	36	30
弁護士等	4	3	1	1			3
新聞記者等	2	2	1		—		2
その他業務	9	14	3	1	8	2	9
医師	7	13	18	20	8	21	10
病院医	4	6	12	6	4	17	5
開業医	3	7	6	14	4	4	5
学校教員	21	19	33	28	25	26	21
計（人）	35360	13539	3579	4719	2891	440	60528
構成比	58	22	6	8	5	1	100

『文部省年報』昭和10年度より作成

よぶ卒業者を出している。設立年次の遅い、また学部編成の総合性において劣るそれ以外の帝国大学は、いずれも一〇%に満たない卒業者しか出していない。七兄弟の長男ともいうべき東京帝大が、いかに圧倒的な地位を占めていたかがうかがわれる。

　それはともかく、就業分野別に見るとその東京帝大を筆頭に、帝国大学が総体として社会の主要な職業分野にまんべんなく卒業生を送り込んでいたことが知られる。国家の大学として総合性を重視し、あらゆる専門分野を網羅した帝国大学群は、官公庁の職員が二五%、学校教員二一%、医師一〇%、あわせて五六%という数字が示しているように、社会の公共的なセクターに、多数の卒業者を送っていた。「国家ノ須要」に応えるというその設置目的を十分に果たしてきたといってよいだろう。

その一方で、この時期には銀行会社員の三〇％を含めて、民間セクターで働くものが四四％を占めるまでになっており、帝国大学の人材養成の軸足が、官僚や資格試験を伴う専門職業人の養成から、民間企業の事務系・技術系の「サラリーマン」養成に大きく移ったことを教えている。帝国大学は「国家の大学」から「資本主義社会の大学」へと変貌《へんぼう》を遂げつつあったのである。

エリートの輩出率

その職業の世界で、帝大卒業者の多くがエリートとしての地位を獲得し、享受していたことも、併せて指摘しておこう。

わが国のエリートと学歴の関係については、各大学・学校の卒業者集団別に、どれだけのエリートを出しているか、つまりエリートの学歴・学校歴別の輩出率についての麻生誠の詳細な研究がある（麻生誠『日本の学歴エリート』）。昭和五〇（一九七五）年度の『人事興信録』登載の、ほとんどが旧制度の大学・学校で教育をうけたエリートたちをサンプルにした、その分析結果からは、出身大学・学校によって輩出率に顕著な差があることが明らかにされている。

ヒエラルヒーのトップに位置づけられるのが、帝国大学系の国立大学である。それは実に、エリートの学歴構成の三八・一％を占め、その輩出比は基準の一三〇倍に達する。〔帝国大学は〕明治以降、近代日本のエリートを養成するため、国家が最も力を注いで設立・運営してきた高等教育機関である。国家によってつくられたエリート養成機関で、少人数教育の旧制高校と大学が連続して一体化していた。それは主として上層中流階級の子弟が進学する、学力的に最もセレクティブな学校であった。

エリートの輩出率を分野別に見れば、帝国大学出身者の占める比率は政治・行政で五五％、研究・教育の七〇％、医療五〇％、大企業四六％、中小企業一六％となっている。公共性の強い三つの分野でエリートの半数以上を占め、企業の世界でも大企業の場合にはすでに半数に近い。

国家の手厚い庇護のもとに育てられた七兄弟は、期待されたエリート育成装置としての役割を十分に果たしていたといってよいだろう。

第Ⅳ部　教授たちの世界

第一〇章　教授への道

教授の共同体

ユニバーシティの語源は、ラテン語で組合を意味するウニベルシタスにあるとされる。それは大学の本質が教員・教授の団体性にあり、一定の自治を認められた教員集団（ファカルティ）なしには、大学が存立しえないことを意味している。ここまで、学生たちの生態を見てきたが、大学という共同体の主人公である教授たち――帝国大学の教員集団はどのように形成され、どのような生活を送っていたのか。まずは教授という職業集団の形成の経緯をたどることから始めることにしよう。

先に触れたように最初の帝国大学になる東京大学の起源をどこに求めるかは、難しい問題である。維新前後からの大筋をたどれば、旧幕府の昌平坂学問所・開成所・医学所が、明治二（一八六九）年に大学（和漢学）・大学南校（洋学）・大学東校（医学）になったが、大学

（本校）は明治三年に閉鎖され、明治六年には南校は開成学校（翌七年東京開成学校）に、東校は第一大学区医学校を経て明治七年に東京医学校になった。そして明治一〇年、両校が合併して生まれたのが東京大学（法理文三学部・医学部）ということになる。

合併以前の開成学校と医学校は、すでに見たように、明治五年に公布された「学制」によると「専門学校」だったが、その専門学校は「外国教師ニテ教授スル高尚ナル学校」であり、また「師範学校同様」の学校で、そこで「学術ヲ得シモノハ、後来我邦語ヲ以テ、我邦人ニ教授スル目的」のものだとされていた。

つまり、伝統的な和漢学を教える大学本校が早々に姿を消したあと、学制の規定による二校の「専門学校」は、やがて設置される近代的な、ということは西欧の学術を教育研究する「大学」の教授となるべき日本人教員を養成する、「師範学校」同様の学校として構想されたのである。

「洋人・洋語大学」

幕末の開成所・医学所は、書物を通じて断片的に「洋学」を学んだ日本人が教鞭をとる、学者の共同体からはほど遠い、外国語や実用的な技術教育の場にすぎなかった。欧米モデルの近代的な大学を建設するには、早急に西欧近代の先進的な学術の教授能力を持った教授集団を育成する必要があったが、それには、まずは外国人教師を雇い入れ、学生にもっぱら外国語で専門教育を施し、西欧の先端的な学術技芸を学ばせることから始めなければならなかった。それが「師範学校同様」の二校の専門学校を設置した理由である。

しかし、近代化を急ぐ政府はその成果が出るのを待ち切れなかったのだろう、明治一〇(一八七七)年には早くも両校を統合して、東京大学を発足させることになった。その発足時の東京大学では、わずか三二名の教授のうち二三名(七〇%)までが、外国人で占められていた。つまり二つの専門学校を引き継いだ東京大学は、実質的にはまだ「邦人・邦語」大学でなく、「洋人・洋語」大学だったことになる。

教授陣に占める邦人・洋人の数が、二一名対一六名と逆転したのは、明治一四年になってからである。同じ年に「洋人」教授の呼称が「外国教師」に変わって、「教授」は日本人だけになり、日本語による卒業論文執筆も認められることになった。東京大学がこの頃からようやく、実質的に「邦人・邦語」大学になりはじめたことがわかる。

留学というルート

教授陣の「自国化」が進みはじめたのは、維新後早々に政府が欧米諸国に派遣した留学生たちが、相次いで帰国するようになったからである。明治三(一八七〇)年、大学南校の在学者の中から八名、東校から一三名が選ばれたのが本格的な留学生派遣の最初であり、明治八、九年にも開成学校から二一名が送られている。その留学生たちが帰国し、外国人に代わって教授陣に加わりはじめる。明治一七年にはすでに、外国人教師一二名に対して日本人教授は四〇名を数えたが、そのほとんどがそれら留学帰国者で占められていた。

卒業を待たず、在学者のなかから選抜され派遣されたこれら留学生のなかには、欧米の大学で博士の学位やそれに準ずる資格を取得して帰国した者が多い。これに対して東京大学の発足後は、自大学で外国人教師から専門教育を受け、学士号を取得した卒業生のなかから選ばれた留学生が、一定の年限を定めて継続的に派遣されるようになる。

文部省派遣の留学生数を見ると、明治一二年七名、一三年五名、一四年八名、一五年七名、一六年四名、一七年四名、一八年五名となっており、その大多数が東京大学卒業者であった。彼らは帰国後、順次教授に任用されていくのだが、学位を取得して帰国する者はなくなっていた。

教授の任用資格

表10－1は帝国大学の発足から五年たった、明治二四（一八九一）年時点での教員集団の構成である。教授だけをとれば七八名に増えた専任教員の数を、外国人教師一七名と比べる

表10－1　帝国大学教員の構成（人、明治24年）

		法	医	工	文	理	農	合計
外国人教師		4	2	3	3	1	4	17
教授	博士	10	18	14	5	12	4	63
		(5)	(2)	(6)	(2)	(10)	(3)	(28)
	学士	1	2	2	1		3	9
			(2)	(1)	(1)		(1)	(4)
	その他			1	4		1	6
					(1)			(1)
	小計	11	20	17	10	12	8	78
助教授	学士	1	8	9		4	17	39
				(2)		(1)		(3)
	その他			1		1	1	3
	小計	1	8	10		5	18	42
合計		16	30	30	13	18	30	137
		(5)	(4)	(9)	(3)	(11)	(4)	(36)

カッコ内は欧米の高等教育機関で学び、博士その他の学位、あるいはそれに準ずる資格を取得して帰国した者の数（内数）

『帝国大学一覧』明治24年度・25年度より作成

と、分科大学によって違いはあるものの、帝国大学の教員集団の、ひいては教育研究の「自国化」が急速に進んだことがわかる。

　その大学教授たちの任用の際の資格要件は、どのようなものであったのか。

　欧米の大学であれば教授になるには、博士学位の取得が最低条件であり、ドイツやフランスではさらに教授資格試験に合格していることが要求される。しかしわが国には、帝国大学教授について、戦前期を通じて任用資格に特段の定めがなかった。

　それは「如何なる種類の学校たるを問はず、総て官立学校の教官は官吏として、文官任用に関する規程の支配を受けるのであるが、其任用規程に於ても、事務官に関しては文官試験に合格することを資格とするに拘らず、教官技術官等に関しては、此《かく》の如き一般的の資格を設けず、任用の都度其人に就て銓衡することとなつて居」たためとされている（『明治以降教育制度発達史』第三巻）。

とはいえ、七八名の教授のうち博士学位を持つ者は、欧米大学のそれ（三六％）を含めて八一％にのぼっており、持たない者は一九％にすぎない。博士学位が大学教授の基本的な任用資格であったように見える。しかし、話はそれほど単純ではなかった。

大学院の開設

すでに見たように帝国大学の発足以降、わが国では学士は称号であって学位ではなく、学位といえば戦前期を通じて博士のみであった。その博士号の取得・授与は、大学院制度・学位制度と不可分にかかわっている。任用条件を知るためには、この二つの制度の成り立ちを見ておく必要がある。

帝国大学の教授になるには、なによりも卒業者名簿の上位を占め、恩賜の銀時計の下賜にあずかるような優秀な成績で、大学を卒業する必要があるだろう。その後さらに学者の卵として研鑽をつまねばならないが、そのための場として用意されたのが大学院の制度であった。

明治一九（一八八六）年の帝国大学令に「帝国大学ハ大学院及分科大学ヲ以テ構成」され、「大学院ハ学術技芸ノ蘊奥ヲ攻究《こうきゅう》」するところ、とあるのがそれである。

実はこの大学院の制度、当時のヨーロッパの大学には存在しなかった。大学院（グラデュエートスクール）はアメリカの発明だというのが、大学史研究者の間での定説になっているが、帝国大学の大学院はそのアメリカをモデルにしたものではない（寺崎昌男『東京大学の歴史』）。アメリカの大学院は、いわば大学教員の養成のための専門職大学院であり、一定の教育課程のもと、博士学位（Ph.D）の取得を目指す学生を専任教員が教授・指導する、まさに「スクール」である。

ところが帝国大学の大学院には、「ユニバーシティホール」という奇妙な英語訳からもわかるように、専任教員もいなければ、教育課程もなかった。分科大学を卒業後、学者の卵以外にもさまざまな理由から大学に籍を置き、学業を続けたいと考える「学士」たちが過ごしたたまり場、まさに「ホール」がわが国の大学院であり、それは戦前期を通じて変わることがなかった。

未来の帝国大学教授、さらには他の高等教育機関の教員を目指すのであれば、大学院に籍を置く必要はあったかもしれない。しかしそれが必須《ひっす》の要件とはされていなかったのである。

学位令と大学院

そのことを端的に示しているのが、大学院と学位の関係である。

東京大学時代には学士も学位であったことはすでに述べたが、明治二〇（一八八七）年に公布された「学位令」では「博士」と「大博士」の二つが学位とされ、学士は卒業者に認められる称号に変わった。大博士は授与されることがなかったから、学位といえば、博士を指していたことになる。学位令によるとその博士号は、①「大学院ニ入リ定規ノ試験ヲ経タル者」ないしは②「之ト同等以上ノ学力アル者」に、「帝国大学評議会ノ議ヲ経テ」文部大臣が授けるものとされていた。

このうち①については帝国大学令に「分科大学ノ卒業生若クハ之ト同等ノ学力ヲ有スル者ニシテ大学院ニ入リ学術技芸ノ蘊奥ヲ攻究シ定規ノ試験ヲ経タル者ニハ学位ヲ授与ス」という、いわば「課程博士」に関する条項があり、大学院制度と学位制度との対応がはかられていたことが知られる。つまり大学院での研鑽と試験によるその成果の証明が、学位授与の基本要件であることが明記されていたのである。

②による学位取得にはさらに二つの道があった。第一は「自著ノ論文ノ一編」を添えて申請し、帝国大学評議会の審査を経て授与される、いわば「論文博士」である。第二の道は文部大臣が大学院修了者と「同等ノ学力アリト思慮スル者」を帝国大学の評議会に推薦し、三分

の二以上の賛同を得て授与するもので、「推薦博士」と呼んでおこう。
表10‐2は、その学位令（第一次、明治二〇～三一年）による学位授与の実態を見たものだが、約一〇年間で一三七名という少ない授与数もさることながら、大学院修了による学位取得者がわずか四名（三％）、論文提出によるものも一九名（一四％）にすぎず、一一四名（八三％）と圧倒的に多数を占めたのが、文部大臣の推薦による博士であったことが注目される。先に見たように、明治二四年時点での帝国大学教授は大多数が博士であったが、外国での学位取得者は別として、そのほとんどは大学院とは無関係の「推薦博士」だったのである。

表10‐2　第一次学位令（明治20―31年）による学位授与数（人）

	法	医	工	文	理	計
大学院修了	―	―	―	―	4	4
論文提出	1	8	―	1	9	19
評議会推薦	16	30	31	14	23	114
合　　計	17	38	31	15	36	137

出典：天野郁夫『大学の誕生』上

もちろん、帝国大学も大学院も発足したばかりの時期である。大学院修了の「課程博士」が少ないのは当然といえるかもしれない。しかし、実はそれだけが理由ではなく、事態はさらに悪化（?）していく。

推薦博士の制度

明治三一（一八九八）年に改正された学位令（第二次、明治三一～大正九〔一九二〇〕年）で

表10-3　第二次学位令（明治31―大正9年）による学位授与数（人）

	法	医	工	文	理	農	計
大学院修了	2	1	―	24	15	12	54
論文提出	30	817	84	78	96	90	1195
博士会推薦	110	12	186	42	4	49	403
総長推薦	61	12	86	37	31	28	255
合　計	203	842	356	181	146	179	1907

医学には薬学、農学には林学・獣医学を含む

出典：天野郁夫『高等教育の時代』下

は、博士への道は四つに増えた。①大学院修了による「課程博士」はこれまで通り。②「論文博士」も同じだが、審査主体が各分科大学教授会に変わった。

問題の推薦博士の制度はさらに二つに分けられ、一層強化された。一つは③「博士会ニ於テ学位ヲ授クヘキ学力アリト認メタル者」、これにさらに④「帝国大学分科大学教授ニハ当該帝国大学総長ノ推薦ニ依リ文部大臣ニ於テ学位ヲ授クルコトヲ得」という条項が加えられたのである。明治四四年、夏目漱石が辞退して波紋を呼んだ文学博士号は、このうちの博士会推薦によるものであった。

その第二次学位令は大正九年まで続いたが、その間の学位授与数を示したのが、表10-3である。これを見ると授与数が依然として少ないだけでなく、①の大学院修了が全体のわずか三%にすぎないことが、まず目につく。これに対して②の論文博士が六三%を占めるまでに急増した。とくに基礎学問である文学・理学、それに医学と農学では、論文博士が主流になったことがわかる。

ただし、医学分野で論文博士が九七%と圧倒的な比率を占めているのは、学術的な学位というよりも医学博士が職業学位化した結果と見るべきだろう。

注目すべきはそれよりも、博士会推薦・総長推薦が、とくに法学で八四%、工学でも七六%に達している点である。

当時の有力総合雑誌『太陽』は、依然として実質的に推薦主体の、この新しい学位令による博士を「タケノコ博士」と呼び、厳しい目を向けている。

「実に一巻の著書無くして博士の栄名を担ふものあらば、内外の人見て其真価を疑ふ、寧《むし》ろ自然の人情に非《あら》ずとせむや。偶々《たまたま》其名によりて現はるるもの、翻訳抄録の類のみにして、自家の意見学説に到りては杳《よう》として知るに由なくむば、無知の人、或は誤て独得の造詣《ぞうけい》無しと謂《い》はむ」。推薦博士の制度が廃止され、学位授与が完全に業績本位になるには、この場合にも大正民主主義の時代を待たねばならなかった。

学位授与がこのように推薦中心では、大学院の整備が進むはずがない。大学院には、少なからぬ数の在籍者がいたが、医科大学は別として、その多くは中等学校や高等諸学校の教員を目指すいわば「就職浪人」や、高等文官試験の受験者、さらには充実した帝国大学の図書館を利用したいがための、すでに職に就いている学士たちで占められていた。

養成システムの不備

大学院での研鑽と学位取得が任用の基本資格とされないなか、帝国大学の教授陣の育成のために大学・文部省が依存し続けたのは、明治初年以来の海外留学制度であった。

大学教授の養成制度の不備がはじめて問題になったのは、明治三〇（一八九七）年の京都帝国大学の創設の際である。教育情報誌『教育時論』に掲載された記事は、「学者の払底」と題して、次のように述べている。

其教員は法、医、文、理、工等四科の教授のみにても、五十余名の多数を要する次第にて、目下学者払底の折柄なれば、五十余名などと、多数の学者先生を得るに途《みち》なく、当局者は昨今、頻りに苦心中にて、外国留学生派遣の事も実行すれど、到底此位の事にては、需要に応ずるに能はざるのみならず、留学生も、今後二三年の後にあらざれば帰朝せざるを以て、焦眉《しょうび》の急に間に合ふた話にあらず。去りとて何も分らぬ、名のみの学者先生を集めたところが、尚更ら始まらぬ事とて、頗《すこぶ》る考案中の由なるが、中には、外国教師増聘の意見を抱ける者もありと聞く。

皮肉たっぷりの記事だが、初代京都帝大総長に就任した木下廣次自身が、「盗賊を捉へて縄を綯ふが如く、大学は設立したが、之に適当なる教官なしとて、狼狽して外国留学生を派遣するが如きは、余り好ましからぬ事」だと、記者の取材に答えて述べたのは、すでに見た通りである。最初の帝国大学の発足から一〇年たっても、教授の予備軍がほとんど形成されていなかったことがわかる。

有名無実の大学院では、本格的な学者の育成はできない。それに極東の一小島国の後発の大学が、いかに国家の総力を挙げて作り上げたとはいえ、簡単に欧米諸国の一流大学に伍する学問の水準を実現できるはずもない。教授に任用する前に、少なくとも二〜三年は欧米の大学で最先端の学問に触れ、学んでもらう必要がある。

帝国大学の助教授職や、官立の専門学校・高等学校の教授職に就いている学士たちの中から学位の有無を問うことなく選んだ者を、帰国後の教授ポストを約束して数年間、海外の大学に送り出す。そして帰国後に首尾よく任用された教授に学位がなければ、総長推薦ないし博士会推薦で博士号を授与する——それが、明治期を通じて、文部省・帝国大学が取り続けた、教授の養成方法であった。

後でも触れるが、たとえば大正七（一九一八）年の東京帝大の教授陣を見ると、教授全員が博士であるのに対して、助教授のほとんどは学士であった。推薦博士制度の威力が、いかに大きかったかがわかる。

第一一章　講座制と大学自治

官僚としての帝大教授

明治一〇（一八七七）年、発足当時の東京大学の教員は、身分的には「雇又は嘱託の如きもの」で、「国家の官吏」ではなかった。官吏としての身分が確定し、教授・助教授という職名が定められたのは明治一四年になってからである。そしてその地位は、明治一九年の帝国大学の発足と同時に格段に高められることになった。

同時期に整備された官僚制度のもとで、教員はすべて奏任官（高等官）で、教授が一等から四等、助教授が四等から六等に位置づけられ、高等文官と同等の俸給を約束され、二三年にはさらに教授のうち一定数を限り勅任官とすることも認められた。同じ二三年には、教授・助教授の定員も定められている。官吏であることから、任免権は文部大臣の手中にあったが、定員が定められたことは、教員の身分と教員集団の存続・発展が保証されたことを意味するものであった。

しかし、それだけで大学の本体である教授の共同体が生まれたわけではない。帝国大学の教授集団の形成に重要な役割を果たしたのは、なんといっても「講座制」の導入であった。帝国大学だけに認められたきわめて特権的なこの制度は、大学自治や学問の自由の砦《とりで》となり、教授たちの学問と学者の世界でのエリート、いわば「学術の貴族」としての権威と権力の源泉になっていく。推薦制による博士号は、その貴族たちに授与された「名誉の称号」であったというべきかもしれない。

教育研究の責任体制

講座制（チェアシステム）は、ヨーロッパの大学に特有の制度であった。専門分化した学問の分野ごとに名称を付した講座を置き、教授一人だけの「椅子」（チェア）を用意し、各専門分野の教育研究の責任を負わせる制度の導入が、文部省内で議論されるようになったのは明治二三（一八九〇）年のことである。学生たちが「各般ノ学術技芸ヲ学修スルニ便ナラシ」めるために、授業科目に対応した講座の種類と数を決めることが目的だとされ、具体案も作成されたが、この時は実現しなかった。

実現するのは明治二六年になってからであり、導入に大きな役割を果たした文相井上毅は、そこに学科課程の整備という以上の意図をこめていたことがわかっている。

当時の帝国大学では、まだ各教授が担当する専門分野が明確に定まっていなかった。法科大学を例にとれば、一人の教授が「国法モ私法モ国際法モ」すべてに精通していることを前提に、カリキュラムが組まれていた。それは教員が不足していた時代の「一時止ムヲ得ザルノ変通」であったのだが、「学者モ此変通ニ慣レ、世人モ怪シマ」なくなってしまった。その結果、教授たちは「雑駁《ざっぱく》ニ流レ、一科専攻ニ心ヲ寄スルニ遑《いとま》」がなくなり、「講義モ、精到タルヲ得サルノ嫌」がある。井上はそうした帝国大学の寒心すべき状況を打破すべく、「講座制ヲ定メ、其職務ニ対シテ専攻ノ責ヲ表明シ、以テ後進ヲ負ハシメ」ることをはかったのである（木村匡『井上毅君教育事業小史』）。

それだけではない。早急な近代化・産業化の推進に不可欠な、欧米の最先端の学術技芸を学んだ人材が払底し、引く手あまただった時代である。高等官の身分を約束され、名誉の博士学位を与えられるなど優遇されるようになっても、留学帰りの「新知識」である帝大教授の腰は定まらず、教授集団は流動的であった。とりわけ法学と工学の二分野では本省の局長など高級官僚に転任する者や、転任しなくても兼任する者が少なくなく、さらにいえば必要な数の教授陣を確保すること自体が困難であった。

そうした現実を変革し、教育研究の責任体制を明確にするだけでなく、帝大教授のポストをより魅力的なものにするために、講座制の導入が必要だというのが、井上の考えであった。「帝国大学ハ学問ノ最高学府ニシテ之レカ教官タル者ハ一身ヲ其専門ノ学業ニ委《まか》シテ専心之ニ従事セサル可カラス。故ニ今各分科大学ニ諸学ノ講座ヲ置キ各教授ノ担任ヲ明確ナラシメテ其責任ヲ重カラシメントス」。帝大教授たるもの「国家の官吏」である以前に、「学問ノ最高学府」の一員であるとの自覚と責任を持つべきことを、文部大臣自身が求めたのである(寺崎『東京大学の歴史』)。

こうして、明治二六年、「帝国大学各分科大学ノ講座ノ種類及其数」が公布され、総数一二三の講座が開設されることになった。

講座制の実態

この講座制について重要なのは、「学科ノ種類、職務ノ繁簡」によって違いはあるが、各講座に年額四〇〇円以上一〇〇〇円以下の「職務俸」(講座俸)が付けられていた点である。教授の年俸が一〇〇〇円前後だった時代だから、高額である。講座のいわば価値に違いがあったこと、助教授が講座を担当した場合の職務俸は半額であったことも付け加えておこう。

このように職務俸を用意してまで厚遇しようとはかったのは、「当時、政府直轄諸官庁の行政官俸給は帝国大学の若手教授・助教授よりさらに上」であり、「留学帰りの助教授が他官省へ『流出』することに、文部省が手を焼いていた」のがその理由とされている（寺崎、前掲書）。開設された講座を埋めるには、待遇面での改善が不可欠だったのである。

創設時の講座制についてもう一つ重要なのは、講座と担当教官との関係である。講座制は後で見るように第二次大戦後の新しい大学制度にも継承されたが、そこでは各講座に、たとえば文系では教授・助教授・助手各一というように、セットになった定員が付けられているのが普通である。

表11－1　東京帝大の講座・教員数

	明治26年			明治43年		
	講座	教授	助教授	講座	教授	助教授
法	22	9	—	37	25	3
医	23	19	6	32	26	13
工	21	9	9	32	27	21
文	20	11	1	24	18	9
理	17	13	4	26	24	7
農	20	7	14	31	22	14
計	123	68	34	182	142	67

出典：天野郁夫『近代化と教育』

しかし明治期には約束されていたのは各講座に教授一名の定員だけであり、しかも教授・助教授の定員は、明治二六年を例にとれば講座数一二三に対して教授定数七五、助教授三五、四三年には一八二に対して一四三、七四というように、開設講座数とは関係なく別途定められていた。つまり講座は開設されたが専任教授のいない講座が、少なからぬ数にのぼっていたのである。明治二六年の教授数は六八人だから、半数近い講座が専任教授を欠いており、医学と理学を除いては、適切な教授を得ることが依然として困難であったことがわかる。

教授会自治へ

給与面で優遇されるようになった教授たちには、一定の自治も認められるようになった。明治一九（一八八六）年の発足当時、帝国大学総長と分科大学長は文部大臣によって選任され、大学運営の機関として置かれた評議会の、各分科大学二名の評議員の選任も同様であった。教授会の設置は認められておらず、自治のうえで最も重要な人事について、教授たちになんの権限もなかったことになる。ただし、評議会には「学科課程ニ関スル事項」と「大学院及分科大学ノ利害ノ消長ニ関スル事項」について、つまり帝国大学の教学にかかわる問題について、幅広く審議する権限が認められていた。

ところが明治二六年、これも井上文相のもとで帝国大学令が改正され、「各分科大学ニ教授会ヲ設ケ教授ヲ以テ会員トス」ることが認められることになった。「大学ノ実ハ分科大学ニ在」るにもかかわらず、「官制ニ分科大学ノ自治ヲ認メス、事々一々、大学評議会ノ決ヲ仰」がねばならないというのは「今日ノ弊」である。そこで「分科大学ノ自治ヲ認」めて「評議会ノ権限ヲ削リ、之ヲ分科大学教授会ニ分ツ」ことにしたのだ、というのが井上の説明であった（『東京大学百年史』通史一）。

いまに続く日本の大学の、評判の悪い「教授会自治」だが、その発端は教員集団による自治権の強化をはかろうとする、井上文相の「善意」に出たものであったことがわかる。

なお、前年には教授による評議員の互選が認められ、分科大学長も互選ではないものの、教授の中から任命されることになった。教授たちの間に、学問の教育研究を使命とする専門的職業人、「アカデミック・プロフェッション」としての連帯感を醸成し、共同体性を自覚させ、自治と学問の自由の意識をはぐくんでいく制度的な基盤が、ようやく保証されることになったのである。

なお、この帝国大学令改正では、評議会・教授会の権限が著しく拡大され、学科の設置廃止、講座の種類、大学内の諸規定、学位授与の他に、「文部大臣又ハ帝国大学総長ヨリ諮詢ノ件」についても審議権が認められ、評議会にはさらに「高等教育ニ関スル事項ニ付其ノ意見ヲ文部大臣ニ建議」する権限まで与えられたことを、付け加えておこう。

戸水事件と学問の自由

明治三八（一九〇五）年に起きた「戸水《とみず》事件」は、そうした自治権の拡大による教授たちの意識の変化を象徴する出来事であった。

ことの発端は東京帝大法科大学教授の戸水寛人《ひろんど》が、日露講和交渉をめぐる政府批判など、学外での過激な言論活動を理由に休職処分を受けたことにある。山川健次郎総長は、法規上「高等官ノ進退ニ関シテハ〔総長が〕文部大臣ニ具状」しなければならないとあるのに、その手続きを経ぬまま処分が行われたことに抗議して辞表を提出、大臣がそれを受理して「依願本免官」としたことから、文部省と帝国大学の全面対立へと発展した。大学側が「教授総会」を開き、議論を踏まえて抗議の「覚書」を作成して大臣宛てに提出し、容れられなければ二〇〇名近い教授・助教授が辞職を決意するという事態になったのである。

総長の免官は、「一官吏ノ免官問題ニ非ズシテ、其根柢《こんてい》ニ於テ重大ナル国家的世界的ノ問題」をはらんでいる。「大学ノ独立、学問ノ自由」がそれであり、「職ヲ学問至高ノ府ニ奉ジ、超卓高潔ナルベキ者ニシテ、行政官府ノ不法、若クハ不当ナル行為ニヨリテ、漫《みだり》ニ進退黜《ちゅっ》陟《ちょく》セラルルガ如キコトアラバ、何ヲ以テカ、大学ノ威厳ヲ維持スルヲ得ン、又学問ノ自由ヲ擁護スルヲ得ン」というのが、「覚書」に記された教授たちの主張であった（『男爵山川先生伝』）。大学の自治と学問の自由の、高らかな宣言である。

政府と大学との自治をめぐるこの最初の衝突は、文相と山川総長の辞職、戸水の復職という形で、教授会側の勝利に終わるのだが、戸水の休職については、京都帝大法科大学の教授会も不当処分だとして取り消しを求める抗議文を文相に送り、アカデミック・プロフェッションとしての連帯を表明したことを、付け加えておこう。

実はこれより先、明治二五年、文科大学の久米邦武《くめくにたけ》教授の発表した「神道は祭天の古俗」だとする論文が不敬であるとされ、神道家や国学者から圧力をかけられた文部省が久米を非職にするという、「学問の自由」をめぐる最初の事件が起きている。その際には帝国大学の側に抗議の動きはなかった。それから一三年後の戸水事件である。明治も三〇年代末になると、欧米の大学で最先端の学術技芸だけでなく、学問の自由と大学自治の重要性を学んで帰国した教授たちが主力となり、帝国の大学と政府の関係が葛藤《かっとう》をはらんだものに変化しつつあったことを象徴する事件であったというべきだろう。

高等教員の供給基地

こうして次第に対政府でも社会的にも権威を確立し、権力を持ちはじめた教授たちだが、学問の世界における彼らの権威と権力には、際立って高いものがあった。それはなによりも彼らが帝国大学という、唯一最高の学問の府の、しかも講座担当の教授であり、当該専門分野の最高権威と見なされただけでなく、その分野の後継者はいうまでもなく、他の高等教育機関の教員の育成・供給にも、事実上独占的な役割を果たしていたことに由来している。

すでに見たように、大正七（一九一八）年の「大学令」公布まで、正規の大学は帝国大学だけであり、また帝国大学だけが学士の称号と、博士学位の授与の権限を認められていた。その帝国大学の予科である高等学校を除く他の高等教育機関は、制度上すべて「専門学校」に位置づけられていたが、官吏身分の官立校の教員は別として、私立が多数を占めるその専門学校については、設置認可や水準の維持のためにも、政府として教員任用の資格要件を定める必要があった。

明治三六（一九〇三）年の「専門学校令」公布とともに定められたその資格要件によると、「教員タルコトヲ得ルヘキ者」は、①「学位ヲ有スル者」、②「帝国大学分科大学卒業者又ハ官立学校ノ卒業者ニシテ学士ト称スルコトヲ得ル者」であり、それ以外は③文部大臣の「指定」または「認定」した者となっている。「官立学校ノ卒業者ニシテ学士ト称スルコトヲ得ル者」とは、東京高等商業学校専攻部と札幌農学校本科の卒業者を指しているが、それはあくまでも例外的な事例であったから、博士学位はもちろん学士の称号も、授与の権限は事実上帝国大学だけが握っていた、言い換えれば帝国大学が高等教員の育成・供給を独占していたことになる。

私立専門学校のなかには、慶應義塾や早稲田のように、帝国大学に依存することをよしとせず、自校の卒業生から選抜した留学生を欧米の大学に送って学位を取得させ、早くから教員の自給体制を確立したところもある（天野『大学の誕生』）。しかし、財政的基盤の弱い大方の私立専門学校に、自前で留学生を派遣する余力はなく、教員の供給源を帝国大学に求める他はなかった。それは官立の高等学校や専門学校も同様である。

すべての学問分野を網羅した総合大学としての帝国大学は、高等教員の事実上唯一で、包括的な育成・供給基地であり、講座担当の教授たちはそのことによって高等教育の世界で、またそれぞれの専門分野で、絶大な権威と権力を保証されることになったのである。

帝国大学間の格差

その供給基地としての役割には、おなじ帝国大学の間でも大きな違いがあったことに触れておかなければならない。

なによりも、当然のことながら、後発の帝国大学は先発の大学に教員の供給を仰がなければならなかった。京都帝大の初代の教授たちは、文科大学における内藤湖南《ないとうこなん》のような少数の例外を除いて、東京帝大卒業者の中から選抜され派遣された留学帰国者で占められており、それは後に続く東北帝大や九州帝大の場合も同様であった。

これまで見てきたように大学院が機能せず、学位制度も推薦博士が主流というのでは、人事は業績本意、実力本位にはなりがたい。学位が学問の世界の「通貨」として流通しないのでは、教授の市場が成り立たないからである。そうした状況のもとで、後発の帝国大学は当然のことながら、先発大学の支配から抜け出すため、自校の卒業者が出るのを待って、彼らを教授ポストに就けるべく努力を開始する。こうして、時とともに自校出身者が教授集団の多数を占めるようになる「インブリーディング（同系繁殖）」と呼ばれる現象と、自校出身

表11－2　大正4年の帝国大学

	東京	京都	東北	九州
分科大学数	6	5	3	2
講座数	195	119	48	54
教授数	159	87	64	46
助教授数	68	33	32	16
卒業者数	1161	303	90	133

東北帝大の教授・助教授には農科大学予科を含む
『文部省年報』大正4年度より作成

者の市場として他の学校を支配下に置き、独占をはかろうとする「系列化」が、わが国の高等教育の重要な特色となっていくのである（新堀通也『日本の大学教授市場』）。

その教授の育成・供給の独占体としての帝国大学の数が増えても、筆頭帝国大学である東京帝大の優位は揺るがなかった。

歴史や伝統だけが、その理由ではない。表11－2は、大正四（一九一五）年時点での四帝国大学の規模を見たものだが、開設された分科大学数・講座数から言って、「総合大学」と呼ぶにふさわしい学問分野の網羅性を達成していたのは、東京帝国大学だけであった。五分科大学を持つ京都帝大も、講座数では東京帝大の六割程度、東北・九州の二帝大には文系の分科大学がなく、講座数も東京帝大の四分の一前後でしかなかった。卒業生、つまり高等教員有資格者の「学士」の数ともなれば、京都帝大でも東京帝大の四分の一にすぎない。

帝国大学が事実上占有していた教員の育成・供給基地のなかでも、東京帝大一校が、明治・大正期を通じて圧倒的なシェアを占め、独占的な地位を誇っていたのである。

第一二章　学界の支配者たち

大学自治と人事権

大正期に入ると帝国大学に、自治をさらに拡大する機会が訪れる。

大正六（一九一七）年、政府は内閣直属の大型審議会である「臨時教育会議」を設置し、明治以来の学校教育制度の全面的な再検討に着手したが、審議の焦点は高等教育にあり、当然のことながら、帝国大学のあり方の見直しも重要な検討課題の一つとされた。

大学・高等教育問題の本格的な審議が開始されるのは大正七年になってからだが、帝国大学側の意見を反映させる必要を感じてだろう、臨時教育会議の有力委員でもあった山川健次郎総長は、それに先立ち東京帝大の評議会に帝国大学の制度と組織の再検討を諮詢した。評議会は山川を長に、委員三〇名からなる「帝国大学制度調査委員会」を発足させて検討を進め、六月には決定事項を文部大臣に上申書として提出している。評議会に建議の権限を認めた、明治二六（一八九三）年の井上文相による帝国大学令の改正が、そのような形で生かされることになったわけである。

審議は多岐にわたる諮詢事項について議論し、各事項について賛否をとり、結論をまとめて上申する形を取ったが、自治との関係でいえば、大学の自治権拡大を求める次のような重要な事項が含まれていた。

①総長の推薦について。任命は大学側の推薦により、推薦は教授全体の「直接選挙」によって行うものとする。②分科大学長の推薦について。分科大学ごとに教授の互選とする。③教授助教授の任免について。教授会の議を経ることとする。④停年制について。停年制を導入し六〇歳停年とする。⑤学位について。大学が授与することとし博士会と総長による推薦制は廃止する、というのがそれである（舘昭『東京帝国大学の真実』）。

「国家の官吏」である以上、最終的な人事権は文部大臣にあるが、候補者の推薦は大学側、それも教授集団の決定に基づいて行い、文部大臣はそれを尊重するという帝国大学側の要請が初めて明文化され、文部省もそれを大筋で受け入れただけでなく、学位の授与権も文部省から大学に移されることになった。大学自治の大きな前進といってよいだろう。

大学自治の根幹ともいうべき人事権のこうした拡大については、京都帝大で起こったいわゆる「沢柳《さわやなぎ》事件」が大きくかかわっていたことを指摘しておくべきだろう。大正二（一九一三）年に京都帝大総長に就任した沢柳政太郎《まさたろう》は、文部官僚とはいえ、第一・第二高等学校長や東北帝大総長等を歴任した教育者・教育学者として知られた人物だが、その沢柳が人事をめぐって教授会側と激突した事件である。

この時期すでに帝国大学の教授人事は、各分科大学の教授会の決定に委ねるのが慣例になっていた。その教授人事だが、「特に京都帝大には問題が多く、当時の教授の中には老いて、最早《もはや》研究にも教育にも精進できない者や、本職のほかに私立学校に出稼ぎに行ったり、売名のための講演を行なったり、新聞や雑誌にお粗末な原稿を売ったりして、金銭を稼いでいる者などが多く、学術研究と後進の指導に手抜きをしても、それが仲間内で黙認され放置されているという事実があり、心ある人たちの間には以前から、これを憂慮する声が上がっていた」とされる（新田義之『澤柳政太郎』）。

着任した沢柳は、そうした弊風にメスを入れるべく慎重な情報収集と意見聴取に基づいて教授七名の勇退を求め、個別に交渉して説得し、合意を取り付けた。

当初、各分科大学の教授会に異議を唱える雰囲気はなかった。ところが、勇退を勧告された該当者のいない法科大学教授会が、教授の任免は教授会の同意を得るという、人事にかかわる自治の慣行に反するものであり、「総長ノ専断ヲ以テ教授ヲ進退スル」ならば「教授ノ地位、自ラ軽視セラレ」ることになり、到底容認できないとして反対の「意見書」を提出したことから、事態は一変した。

沢柳総長は「大学教授ノ退職ヲ決スルニ、其同僚ノ集団タル教授会ノ議ニ依ルハ何《いず》レノ国ニモ見サル所ニシテ、不穏当ノ感ヲ禁スル能ハス」と突っぱねたが、教授会側は納得せず、両者の間で「教授会ノ意見ヲ尊重スルハ、論ヲ俟《ま》タス」という文言を織り込んだ「覚書」を取り交わすことで、ひとまず落着した。ところが今度は「尊重スル」というのは「同意ヲ経ル」ことだという教授会側の解釈に沢柳が異を唱えたことから、教授たちが「連袂《れんべい》辞職」を決議し、学生もこれに同調する大騒動に発展した。

事態を重く見た文部省が解決に乗り出し、教授会代表と沢柳総長、それに東京帝大法科大学の長老教授二人を加えて協議し、「教官の任免に付き、総長が其の職権の運用上、教授会と協定するは差支えなく、且つ妥当なり」と表明し、「協定」とは「合意を得る」ことと同義だとすることで決着した。

沢柳はこの事件の責任を取る形で一年足らずで辞任しているから、大学・教授会側の勝利に終わったことになる（『京都大学七十年史』）。

総長の選任

しかし、人事権をめぐる問題はそれでは終わらなかった。今度は、総長の選任をめぐる問題が浮上してきたからである。

帝国大学の総長は、（大学側への事前の打診が慣例になっていたと思われるが）「官選」であり、大正九（一九二〇）年に始まる「直接投票」以前の東京帝大総長の出自を見ると、官僚と教授がほぼ半々になっていた。京都帝大でも、初代の木下廣次の後は文部官僚の岡田良平が任命されたが、「官僚臭が強く（中略）自由主義的な教授連には歓迎されず、教授との小衝突を繰り返したとされる（同前）。岡田が一年で文部次官に転任した後には、前東京帝大総長の菊池大麓が着任したが、この頃から「教授の中から総長を選挙し、文部省に上申する希望」が生まれ、実際に文部省に陳情が行われるなどのことがあり、その菊池が退任した後、任命されたのが沢柳だったのである。

事件を機に、学内では総長公選制を主張する声が高まり、沢柳の後任候補選びは難航した。文部省は窮余の策として東京帝大の山川総長を兼任させて対応をはかり、学外からの選任は困難だという山川の意見を入れて、医科大学長の荒木寅三郎《あらきとらさぶろう》を後任に据えた。投票行為こそなかったが、大学側の意向が尊重されたという点で、自治権の大きな一歩前進であったことは疑いない。東京帝大の先の意見上申は、そうした京都帝大での実績を踏まえてのものに他ならなかった。

教授・助教授の任用・進退から総長の選任まで、帝国大学の人事については教授会の意見や下した決定を尊重するという慣行が、大正中期になってようやく容認され、確立されたことになる。

「大学制度改革私見」

人事権にかかわるこうした自治拡大の経緯を見ると、発足から三〇年余を経た帝国大学の「帝国」と「大学」の間に距離を生じ、アカデミック・プロフェッションとしての自覚を持ち、団体性を強めた教授たちが、国家との関係に緊張や葛藤を意識しはじめたことがわかる。ただそれは基本的に「学内問題」であり、臨時教育会議で直接の審議課題に取り上げられることもなかった。

臨時教育会議で議論の重要な焦点になったのは、学問の府としての帝国大学の整備、とりわけ研究機能の強化・充実の問題である。そしてこの点についても、帝国大学の内部からの重要な問題提起があったことを指摘しておくべきだろう。大正七(一九一八)年二月に発表された、東京帝大の教授一五名の連署による「大学制度改正私見」という文書がそれである(『資料臨時教育会議』第一集)。

新渡戸稲造を筆頭に、吉野作造《よしのさくぞう》、美濃部達吉《みのべたつきち》、大河内正敏《おおこうちまさとし》ら有名教授が名を連ねるこの文書は、帝国大学制度の抜本的な変革を求めることで、臨時教育会議で進行中の学制改革論議に一石を投じる狙いがあったと見てよい。その基底にあったのは、留学して欧米諸国の大学の教育研究の現実に触れてきた彼らの、遅れた日本の現実に対する強い焦燥感であった。

大学を以て最高の学府と看做《みな》せる時代は已に過ぎ去らんとす。現時世界に於ける学術の顕著なる進歩は研究微に入り細に及び、一事の蘊奥を攻究するも亦当《またまさ》に学者の一生と巨《こ》多《た》の財力とを費すべし。此の如きは〔わが国の〕現在大学の如き、雑駁にして規模狭小なる設備の能《よ》く企及する所にあらず。之れ諸国に専門の学術研究所が頻々《ひんぴん》設立せられ、専門学術研究の中心は漸《ようや》く大学を去つて、此種の研究所に移りつつある所以なり。

ところが帝国大学の実状はどうか。大学は「実務活用を主眼とする専門教育の外に出でざるの状態に在」り、「学術技芸の蘊奥を攻究する所」であるはずの大学院は「実際の施設に至ては不備甚たしく、又其成績に至りても遺憾とすへきもの多きは関係者の熟知する所」である。

いまは「断然専門教育と学理研究との両目的を分離独立せしめて、之を別個の機関に委《まか》し、各々其特質を発揮せしめ」るべき時ではないか。具体的には帝国大学と専門学校を再編統合して専門実務教育に専念する新しい大学をつくり、研究の機能は「別に完備せる学術研究所を創設」してこれに委ね、「大学卒業者中優秀なる者」を入学させ研究に専念させるようにすべきではないか。

教育と研究の分離論、ひいては「帝国大学解体論」ともいうべきこの大胆な構想は、「私見」にとどまり、実現されることはなかった。しかし、臨時教育会議答申の帝国大学関連の部分を読むと、現行の教育研究体制に対する有力教授たちの厳しい自省と批判、研究機能の強化の必要性を、臨時教育会議の委員たちもまた、部分的ではあれ共有していたことがうかがわれる。

待遇改善と停年制

帝国大学の研究機能の整備・強化策として、答申がとくに強調したのはその担い手である教授たちの待遇改善である(『資料臨時教育会議』第一集)。

「帝国大学分科大学教授助教授ノ俸給ハ甚タ菲薄《ひはく》」であり、多数の勅任教授を含むにもかかわらず、分科大学教授の俸給は職務俸を含めて二三七〇円で、官等の低い参事官・秘書官・書記官とほぼ同じ、助教授にいたっては一〇〇〇円程度にすぎないと、答申の説明文は具体的な数字を挙げて、「帝国大学分科大学ニ於テハ教授助教授ノ俸給ヲ増加スルコト」を求めている。

明治二六（一八九三）年の講座制導入が待遇改善策でもあったことはすでに述べたが、それから二十数年たっても、事態は改善されるに至っていなかったことが知られる。

「斯《か》クノ如ク菲薄ナル俸給ヲ以テ、専心学術ノ研究ニ従事セムコトヲ望ムモ得ヘカラス。且ツ有為ノ人材ヲ教授助教授ニ招致スルノ甚タ難キハ勿論、現ニ教授ノ職ニ在ル者ニシテ他ニ職ヲ転セムトスル者アルモ、亦之ヲ防止スルニ由ナカラムトス。斯ノ如キハ国家カ学者ヲ遇スルノ途ニアラサルナリ。因テ分科大学教授助教授ノ俸給ヲ増加シ、少クモ普通ノ高等文官ノ俸給ト径庭《けいてい》ナカラシメ、以テ学者ヲシテ各其ノ職ヲ安《やすん》シテ、専心学術ノ攻究ニ従事セシムルハ、大学教育ヲ改善スルノ第一着手トシテ一日モ措《お》クヘカラサル要務」である。

答申はまた、「教授ノ停年制ヲ設ケ、停年制ニ依リ退職スル教授ニ相当ノ退職俸ヲ支給スルコト」を求めているが、これもまた研究機能の強化と無関係ではなかった。

「学者ニシテ学術ノ蘊奥ヲ究ムルコト、年ト共ニ益々精深ナルニ到ルモノ尠《すくな》カラサルヘシト雖《いえども》、新進有為ノ学者ヲシテ斬新《ざんしん》ナル研究ヲ行ハシメ、先進教授ノ後継者タラシムルト共ニ、前人未発ノ新境ヲ拓《ひら》カシメ、学界ニ於ケル新陳代謝ヲ行フコト亦学術ノ進歩ヲ図ルカ為ニ極メテ緊要」である。「教授ニシテ一定ノ年齢ニ達シタル者ハ、特別ノ場合ヲ除ク外職ヲ後進気鋭ノ学者ニ譲ラシメ、学界ヲシテ常ニ清新ナル気風ニ富マシムルコトヲ望」みたい。

教授の自家養成に不可欠の、大学院をはじめとする教育研究環境の整備充実が遅れ、海外留学が教授任用の必要十分条件とされている現状では、教授の教育研究能力は年齢とともに陳腐化し、低落を免れない。こうして研究機能強化を目的に六〇歳停年制が、また退職を容易にして世代交替を促進するべく退職金制度が、導入されることになるのである。

研究環境の整備

研究機能の強化について、答申は人的条件だけでなく物的条件の整備の必要も指摘している。

「学術ノ蘊奥ヲ十分ニ攻究スルノ目的ヲ果サムカ為ニハ其ノ設備ニ於テ未タ充実完備セリト謂」うことはできない。「殊ニ研究室ノ設備ノ如キハ寧ロ甚タ不完全ナル状態」にある。「大学ノ職能ヲ発揮セムト欲セハ、今後大学ニ於ケル学術研究ノ設備ノ充実完成ニ最モ力ヲ致」さなければならない。最高学府である帝国大学の「教育」大学からの脱皮をはかり、「研究」大学化していく必要があるという認識が、大学教授と臨時教育会議の委員の間に共有されていたことがわかる。

しかし、その認識が大学院制度の整備・強化の必要性に向けられることはなかった。答申は大学院の問題にも触れているが、「私見」の要請していた「完備せる学術研究所」化は論外としても、そこに制度の改善や変革にかかわる提言を見ることはできない。

年限も教育課程も入学資格も、さらには学位論文の執筆・提出についても、未整備のままに残された大学院について、「研究科ノ間ノ連絡ヲ密接完全ナラシメ以テ研究上最モ便宜ナル組織タラシメ」、また「他ノ分科大学ノ研究科ニ就キテモ自己ノ目的トスル研究事項ニ関シ自由ニ攻究スルヲ得シメル」必要があるというのが、答申の提言のすべてであった。

未整備の大学院の改革

ただ、その大学院制度と切り離せぬ関係にある学位制度については、先の東京帝大の上申を受ける形で大きな改革があった。

この件についての臨時教育会議の答申は、①それまで文部大臣にあった学位の授与権を大学に移し、②博士会と博士会推薦制を廃止し、③帝国大学総長による推薦制も廃止、④「学位ハ大学学部研究科ニ於テ二年以上研究ニ従事シ、論文ヲ提出シテ審査ニ合格シタル者、又ハ論文ヲ提出シテ学位ヲ請求シ、大学ニ於テ之ト同等以上ノ学力アリト認メタル者ニ対シ之ヲ授クルコト」を求めており、大正九（一九二〇）年にはこの提言に沿って「学位令」が改正されている。

帝国大学以外の官公私立の大学の設置が認められ、それらの大学もまた大学院を置き、学位の授与権を持つようになったのだから、当然の改正である。しかし、この業績本意・実力主義による学位の授与数も、大幅に増えることはなかった。

大学院制度が未整備なままでは、「課程博士」の数は増えず、「論文博士」が主流にならざるをえず、さらにいえば博士号が教授・助教授任用の資格要件ではない以上、学位取得にこだわる必要がなかったからである。「第三次学位令」による授与総数（大正九〜昭和一八〔一九四三〕年）は約一万、その八四％までが医学博士であり、とくに文系は全体でわずか二七六、授与総数の三％にも満たなかった（天野『高等教育の時代』下）。

帝国大学の教授全体の学位取得状況を示すデータはないが、昭和一一年時点での東京帝大について見れば（『東京帝国大学一覧・昭和十一年度』）、さすがに教授の大多数が博士学位の所有者であったが、学士称号のみの者が七％、とくに経済学部では一三人中八人（六二％）、法学部でも二一人中一〇人（四八％）を学士が占めていた。皮肉な話だが、学位令の改正による「推薦博士」制度の廃止が、博士学位を持つ帝国大学教授の比率をむしろ引き下げる方向に作用したことがわかる。なお助教授の場合には、医学部・理学部を例外として大多数が依然として学士であった。

表12－1　官立高等教育機関の教員構成（人）

		校数	教授	助教授	計	雇・嘱託	外国人
大正四年	帝国大学	4	356	179	535	317	20
	東京		159	98	257	178	12
	京都		87	33	120	67	4
	東北		64	32	96	44	4
	九州		46	16	62	28	—
昭和一〇年	帝国大学	6	714	505	1219	984	21
	東京		189	148	337	310	8
	京都		147	102	249	313	8
	東北		98	66	164	105	3
	九州		121	70	191	81	2
	北海道		110	73	183	64	—
	大阪		49	46	95	111	—
	官立大学	12	246	173	419	297	13
	合　計	18	960	678	1638	1281	34

『文部省年報』大正４年度・昭和10年度より作成

教授市場と帝国大学

このように大学令・新学位令が公布され、帝国大学による大学院制度と学位制度の独占体制が崩れた後も、その二つの制度の機能不全状態が続いたことから、大学・高等教員の養成・供給基地としての帝国大学の地位に大きな変化はなかった。

表12－1は帝国大学の教員数を見たものだが、大正四（一九一五）年と昭和一〇（一九三五）年の二〇年間に、助教授数は三倍近くに増えたものの、教授数は二倍の七一四名にとどまった。新設の官立一二大学を加えても、官立セクターの教授数は一〇〇〇名に満たない。公私立大学については、教授・助教授の別が明

らかにされていないが、二七大学で昭和一〇年時点の専任教員数は約一三〇〇名であった。大学教授の世界に占める、総合大学としての帝国大学のシェアは依然として大きかった。

それだけではない。帝国大学は、高等学校や専門学校は言うまでもなく、他の官公私立大学の教授・助教授についても、教員の主要な供給源であり続けていた。どれほどの数の教員を送り出したのか。

制度が変わり、事実上すべての高等教育機関が四年制の「新制大学」に再編統合されてから一三年たった昭和三七年時点で、その新制二六〇大学の三万二〇〇〇名の大学教員を対象に、出身校等について分析した貴重な研究（新堀『日本の大学教授市場』）がある。

表12－2はその研究の一部として、新制大学の教授たちに占める占拠率、つまり出身大学別のシェアを上位一〇位まで順位づけて示したものだが、全体として東京大学の二五％を筆頭に、旧帝国大学系が五六％と、過半数を占めていることがわかる。

もちろん、教育学部では、東京教育大（旧東京文理大・現筑波大）が一位を、文学部では外国大学出身者、法学部で慶應義塾、経済学部で一橋（旧東京商科大学）、家政学部で日本女子大の出身者が、それぞれ三位を占めるなど、専門分野によって違いがある。しかし、それ以外の分野ではいずれも帝国大学系が三位までを占め、とくに東京・京都の二大学は、教育学部を除くすべての学部で一位・二位を独占し、二校だけで大学教授の実に三八％を出してい

表12－2　大学教授市場の占拠率（%、昭和37年）

順位	1	2	3	4	5	6	7	8	9	10	帝大シェア
文学	東京	京都	外国	早稲	東教	九州	東北	広島	慶應	同志	
	27	14	10	5	4	3	3	3	3	2	47
法学	東京	京都	慶應	早稲	中央	同志	九州	日本	東北	明治	
	30	16	9	8	6	4	4	3	2	2	52
経済	東京	京都	一橋	早稲	九州	慶應	神戸	外国	東北	明治	
	22	11	10	7	6	5	4	3	3	3	42
理学	東京	京都	東北	九州	東教	広島	外国	大阪	日本	名古	
	37	16	8	5	4	3	3	2	2	1	69
工学	東京	京都	東北	東工	早稲	大阪	北海	九州	名古	日本	
	27	18	9	7	5	5	4	3	2	2	68
農学	東京	京都	北海	九州	東北	台北	東教	日本	東農	千葉	
	31	21	16	9	2	1	1	1	1	1	80
医学	東京	京都	九州	東北	大阪	慶應	名古	千葉	日本	慈恵	
	18	11	8	6	5	4	3	3	3	2	51
教育	東教	東京	京都	広島	芸術	東北	九州	北海	早稲	日体	
	21	15	10	10	7	5	3	3	2	2	36
教養	東京	京都	東北	九州	東教	広島	外国	大阪	日本	名古	
	38	16	8	5	4	3	3	2	2	1	69
家政	東京	京都	日女	東教	茶女	九州	外国	芸術	早稲	奈女	
	19	13	5	5	4	4	3	3	3	3	36
全体	東京	京都	東北	東教	九州	北海	早稲	広島	大阪	外国	
	25	13	6	5	5	4	3	3	3	2	56

北海：北海道大、名古：名古屋大、台北：台北帝大、東教：東京教育大、芸術：東京芸大、茶女：お茶の水女子大、奈女：奈良女子大、外国：外国大、早稲：早稲田大、同志：同志社大、日女：日本女子大、東農：東京農大、日体：日本体育大

出典：新堀通也『日本の大学教授市場』より作成

る。

　新堀通也は同じ研究のなかで、各新制大学の教授の出身校別を分析した結果として、第一位を東京大学が占める大学が八八校、京都大学が五〇校という数字を挙げている。以下、三位は九州大学一四校、四位が東北大一〇校となっており、七校の帝国大学のなかでも「東西両京の大学」が、大学・高等教員の養成・教育機関としていかに突出した、圧倒的な存在であったかが知られる。

　帝国大学、とりわけ東京・京都の二大学の教授たちは、学術の世界だけでなく大学教授市場においても支配的な地位を占めることによって、第二次大戦後もなおその権威と権力を保証されていたのである。

第Ⅴ部

終焉と転生

第一三章　大学財政の問題

帝国大学と財政

ここまで帝国大学の現実を主として人的な側面から描いてきたが、物的・財政的な側面についても触れておかなければなるまい。

帝国大学の財政をめぐる問題についてこれまで見てきたのは、新増設や規模の拡大もままならず、民間や地方の資金供与を仰がざるをえず、また教授たちの俸給が低水準にとどめられてきたといった、「貧乏物語」ばかりであった。しかし、増大する一方の軍事費に圧迫され続ける文教予算の中で、帝国大学が別格扱いされてきたこともまた、疑いない事実である。帝国大学の特権的な地位を保証するために、政府は限られた予算のもとでさまざまな工夫を凝らしてきたのである。

自立への模索

最高学府である帝国大学に、諸外国に倣って財政上の自立性を持たせるべきだという考えは、関係者の間に明治の早い時期からあった。予算を国の一般会計から支出するのでは年々の変動を免れず、教育研究活動に支障をきたす恐れがある。明治二三（一八九〇）年の開設が予定された帝国議会で「民党」議員が多数を占めれば、そうした懸念が現実のものになりかねない、と危惧されたからである。

その帝国大学の財政的自立のために最初に考えられたのは、経費の半分程度を賄うに足る収入を生む「資金」（ファンド）の蓄積をはかることであった。問題はその財源である。

明治二二年、当時の森有礼文相が打ち出したのは、授業料収入を財源に充てることとし、そのために月額二円五〇銭の授業料を一挙に四倍の一〇円に引き上げるという構想であった。帝国大学助教授の俸給が月額四〇円にも満たなかった時代の一〇円である。士族出身の貧乏書生が多数を占めていた帝大生には大きな衝撃であった。この案は幸か不幸か、森が暗殺されたこともあって実施されずに終わるが、「資金」を積み立てるにも、授業料収入以外に財源を想定しえない日本帝国の大学の、それが現実だったのである（天野『大学の誕生』上）。

帝国議会の開設を控えて、帝国大学の財政的独立については、他にもさまざまな構想があった。それは大きく以下の三つの案にくくることができる。

①基本財産案。国庫金から一時に数百万円を基本財産として与え、その利子収入により維持運営する。②法人案。大学を法人化し、議会の予算審議権の枠外で、毎年一定額の経常費を与える。③帝室費案。帝室費の中から大学予算を支出する（寺崎昌男『日本における大学自治制度の成立』）。

特別会計制度の出発

結局、政府が選択したのはこのどれでもなく、帝国大学を含む官立諸学校のために、一般会計から独立した「特別会計」の制度を設けるという選択であった。

帝国大学をはじめとする各学校に「資金ヲ所有シ、政府ノ支出金、資金ヨリ生スル収入、授業料、寄付金及其他ノ収入ヲ以テ、其歳出ニ充ツルコトヲ許」す、「資金」とは「従来所有スル蓄積金、政府ヨリ交付シ若クハ他ヨリ寄付シタル動産不動産、及歳入残余ヨリ成ル」ものとする、というのがその制度の概略である。

「政府ノ支出金」ではなく「資金」を収入源の筆頭に挙げているところに、財政的自立への政府の期待と願望を読み取るべきだろう。しかし帝国大学の明治二三（一八九〇）年時点での歳入五六万円の内訳を見ると、政府支出金が七九％を占め、授業料や診療費などの自己収入が二〇％、「資金」からの利子収入は一％にも満たないというのが実態であった。

このように、特別会計を立てることが認められたとはいっても、政府支出金に依存して出発した帝国大学財政だが、帝国議会が開設されると早速、先の危惧が現実のものになった。支出金は大幅に減額され、第一、第三以外の高等中学校の廃止論まで出てきたのである。危機感を抱いた加藤弘之総長の、文部大臣に宛てた請願書が残されている。

「欧米各国の大学は皆多少の基本財産ありて各独立の経済をなし」ており、これに「国庫若しくはその他の補助を受」けるにすぎない。ところが「我が帝国大学は未だ基本財産を有する」ことができないため、「只管《ひたすら》国庫の支出を仰がざるを得」ない。これでは「到底経済上の独立を得」ることができない。「歳計の安固を保つ」ことができなければ「教育上の方針常に変動を免れ」ない。

自分の見るところ「人材教育の事は今日吾が邦の最も急務とする所」である。他の事業がどれほど進歩発達しようと、「人材に乏しくして学術技芸の事は何時《いつ》までも外国人を」あてにしているようでは、到底「国家の開明」は望みがたい。「人材教育の事は他万般の事業に先だち最急の」処置が必要である。幸い政府には明治二四年度に生じた、使途未定の六〇〇万円の剰余金がある。それを「大学ノ基本財産ニ充テ」てほしいというのである（『東京大学百年史』通史二）。

国立大学が法人化された平成のいまの、東京大学総長の言葉といっても通りそうな「請願」である。

挫折した基本金構想

当時、大蔵省内にも、四〇〇万円を「帝国大学基本金」に充てる案があったことが知られている。利率を五％とすれば二〇万円の利子収入が見込めることになり、「資金」重視という特別会計制度の主旨も達成される。財政的自立への第一歩になることが期待されたが、しかし、実現することはなかった。

帝国大学にとっても文部省にとっても、悲願となった感のあるその「資金」の蓄積だが、明治二七年にもう一度その可能性が浮上してくる。日清戦争の勝利で得られた多額の賠償金のうち一八七五万円を、「東京ノ帝国大学幷《ならび》ニ今回創設スヘキ京都帝国大学ヲシテ、其資金ノ収入及授業料等ヲ以テ経常費ヲ支弁セシメ、毎年政府ノ支出金ヲ仰」がなくて済むようにする案が、閣議にかけられたのである（『明治文化資料叢書』第八巻・教育編）。しかしこれも具体化するには至らなかった。

「資金」の蓄積自体はその後も認められ、期待されていた。しかし、多額の基本金が下付されることも、民間からの寄付金が寄せられることもなく、せいぜい予算の数パーセント程度の利子収入を生む程度の額にしか届かぬまま、敗戦と帝国大学制度の終焉《しゅうえん》を迎えることになるのである。

定額支出金制の導入

次に登場してきたのは「定額支出金」と呼ばれる制度である。

明治四〇（一九〇七）年、政府は官立諸学校のうちから帝国大学だけを取り出して「帝国大学特別会計法」を定め、同時に毎年度東京帝大には一六七万円、京都帝大には一〇三万円という定額の政府支出金を交付することとした。

この時期の帝大はすでに、東北・九州・北海道の三校を加えて五校体制になっていた。そのなかで「東西両京の大学」を特別扱いしたのは、両大学が総合大学としてほぼ完成をみていたためとされている。残る三大学の予算は当面、年度ごとに一般会計から繰り入れ、整備を待って定額制に移行させるというのが政府の方針であった（『東京大学百年史』通史二）。

明治三九年の東京帝大を例にとれば、経常収入一一二万円のうち政府支出金が八二万円、それ以外が自己収入という構成だったから、概算要求なしにそれ以上の額が毎年保証される「定額支出金制」の導入は、両帝国大学にとって福音と受け止められたに違いない。

ところがこの制度には、思いがけない落とし穴が待ち構えていた。支出金については当初、五年ごとに改定する案があったのが否決されたこともあるが、一つには拡充整備の必要から、

表13－1　教官1人当たり経費（東京帝大＝100）

	大正6年		大正10年		大正14年	
	人件費	物件費	人件費	物件費	人件費	物件費
東　京	100	100	100	100	100	100
京　都	100	99	112	110	101	117
東　北	91	97	117	79	113	114
九　州	128	115	182	126	130	121
北海道	—	—	92	71	106	99

『東京大学百年史』通史二より作成

もう一つはインフレの進行により、大正期に入る頃には定額分だけでは到底、必要経費を賄うことができなくなってしまったのである。

物価騰貴・官吏増俸・学科新設など、さまざまな理由から、定額分の増額にとどまらず、たびたび臨時の繰り入れをする必要を生じ、大正一二（一九二三）年の東京帝大について見れば、政府支出金は定額分二八八万円に対して臨時分一三一万円に達していた。

それだけではない。定額制をとる東京・京都の両帝大では、小規模の定員増や講座増には自前で対応することが求められたため、この制度が一層の発展を保証するどころか制約として働くという、皮肉な結果を生じることになった。

大正一三年度の予算要求にあたって、文部省は「東北、九州、北海道ノ各帝国大学ニ比シ、〔両帝大の〕授業及研究費ハ著シク寡少ニシテ、当初大学ノ本質ニ鑑《かんが》ミ独立研究ノ歩武《ほぶ》ヲ進メ、国運ノ興隆ヲ期センカ為メニ創定セラレタル定額制度ハ、却《かえっ》テ研究上ノ不便ヲ来シ、大学ノ発展ヲ阻害スルノ結果ヲ招来スルニ至」ったと嘆いている（『東京大学百年史』通史二）。

たしかに表13－1を見ると、年度によるばらつきはあるが、定額制をとる東京・京都の両帝大で、教官一人当たりの人件費・物件費ともに、他大学に比べて低水準にあったことがわかる（北大が下位にあるのは、予科が付設されていたことによると思われる）。

こうして行き詰まった定額制は、大正一三年には廃止され、同時に特別会計制度も帝国大学のみでなく、官立大学全体を対象にしたものに改められることになった。なお、同年の東京帝大の経常収入六五五万円の内訳を見ると、政府支出金六一％、諸収入が三八％であり、諸収入二四八万円の内訳は授業料一七％、病院収入三三％、演習林収入三二％などとなっている。

国立大学が法人化されたいまも同じだが、結局は政府支出金（「運営費交付金」）依存で、独自収入といっても寄付金や利子収入などは、取るに足りない額でしかなかったことがわかる。

積算校費制の時代へ

定額制を廃止するとして、それに代わるどのような方法で帝国大学の予算を決めたらよいのか。新たに政府・文部省が考え出したのは、講座を単位とする「積算校費制」の導入であった。

講座制が、他の官立大学には導入されない、帝国大学に独自の制度であったことはこれまで見てきた通りである。その講座は当初、（担当者に講座俸が支給されることを除けば）予算配分と直接の関係はなかった。しかし、大正期に入ると、定額制をとらない帝国大学が講座の新増設を予算措置とともに要求するようになり、文部省も大正一〇（一九二一）年、講座を実験講座・非実験講座に分けて俸給・校費の基準を定め、査定を行うようになった。講座と予算の間に結びつきが生まれたのである。

それを契機に、定額制をとる両帝大でも既設講座の整備充実のための予算を計上して、政府支出金の増額を要求するようになった。

東京帝大の大正一二年度の予算要求を見ると、①「実験アル学科」（医・工・理・農）は教授一・助教授一・助手二として、人件費・物件費合わせて二万円、②「思想学科」（法・文・経）は教授一・助手一で八〇〇〇円というのが、一講座当たりの要求額とされている。実態に近い数字であったと思われるが、人件費を除いた講座当たり経費の試算結果によると、東京七八〇〇円、京都七一〇〇円、九州九六〇〇円、東北九五〇〇円、北海道一万四三〇〇円となっている。定額制をとる東京・京都の両帝大で、そのしわ寄せが教育研究の基礎単位である講座の運営経費に、大きく影響していたことがうかがわれる。

こうした実態や要求を踏まえて、文部省は定額制廃止後の大正一五年、講座について明確な基準を設け、それを教官定員と予算の積算基準とすることを決定した。非実験講座（教授一・助教授一・助手一）、実験講座（教授一・助教授一・助手二）、臨床講座（教授一・助教授一・助手三）という、戦後に引き継がれる講座の種別と教官定数、それに応じた予算配分の仕組み――いわゆる「積算校費」制が、ここから正式に始まることになる（『東京大学百年史』通史二）。

特別会計制度は維持されたが、年々の予算の変動を避けるための資金（基本金）の蓄積は進まず、定額制も行き詰まり、帝国大学予算の安定的な保証を、講座単位の積算制に求める時代が始まったのである。

不足する研究費

教育研究の基礎単位である講座の運営に必要な経費の、積算基準が問題になりはじめた大正期は、同時に帝国大学の研究機能強化の必要性がいわれはじめた時期でもあった。そしてそれが帝国大学にとって、新しい収入源の出現を意味したことも指摘しておこう。

明治一九（一八八六）年の旧帝国大学令は、研究と教育の機能を分け、「学術ノ蘊奥ヲ攻究スル」場所として大学院を置くと定めていたが、その研究の場である大学院には特別の予算がついていたわけでも、独立の施設設備やスタッフが置かれていたわけでもなかった。官僚をはじめとする実務的な人材養成に、つまり教育機能に力点が置かれ、研究機能の整備拡充は軽視されていたというだけでなく、限られた講座費では講座の維持運営で精いっぱいで、研究にまでは手が回らないというのが帝国大学の実情だったのである。

そうしたなか、すでに見たように大正七（一九一八）年に、東京帝大の少壮教授たちが、帝国大学制度の廃止と学術研究所の設置を求める意見書を公表する。それは留学帰りの彼らが、世界の大学が最先端の研究に「学者の一生と巨多の財力」をかける時代を迎えているいま、日本の「現在大学の如き、雑駁にして規模狭小なる設備」では到底太刀打ちできない、という強い危機感に突き動かされたからであった（『資料臨時教育会議』第一集）。

しかし、この提案は冷ややかに迎えられただけで、事態はその後も一向に改善されなかった。昭和一四（一九三九）年、東京帝国大学に設置された大学制度臨時審査委員会は、審議決定事項の一つに、「講座ニ所属スベキ研究費ヲ充実スルコト」を挙げている。

「従来ノ講座ニ在リテハ講座ニ所属スベキ研究費ノ極メテ僅少《きんしょう》ナルヲ通例トシ、研究並ニ教授上ニ著シク困難ヲ感ジツツアルノ現状」であり、これでは「講座設置ノ目的ヲ十分ニ達スルヲ得」ることができない。「故ニ少クトモ此等ノ講座ニ対シテモ最近設置セラレタル講座ニ所属セル研究費ニ準ジ相当ノ研究費ヲ所属セシムルコトトスルヲ緊要ナリト認」めるとあるのは、そうした現実を端的に映し出したものに他ならない（『東京大学百年史』資料二）。

科学研究費の制度化

他の官立大学に比べれば恵まれている帝国大学でさえ予算が限られ、十分な講座費、ひいては研究費を措置するのが困難だとすれば、別途、純粋に研究を目的とする資金を大学に提供する仕組みを作る必要がある。文部省がそのための制度を初めて設けたのも、大正期のことであった。大正七（一九一八）年から始まった文部省の「科学研究奨励金」がそれである。ただ、その実態は総額で年間一〇万円前後、それも自然科学限定という貧弱なものでしかなかった。

ようやく本格的な研究費の交付制度が発足したのは、昭和一三（一九三八）年に「科学ノ振興ニ関スル重要事項ヲ調査審議」することを目的に設置された、文部大臣の諮問機関「科学振興調査会」が、新たな研究費制度の創設を建議して以後のことである。その建議により創設されたのが、いまに続く「科学研究費」の制度に他ならない。

その予算額は初年度にあたる昭和一四年度は三〇〇万円であったが、一六年度に五〇〇万円に増額され、一九年には一八五〇万円に達した（『東京大学百年史』通史二）。昭和一六年当時の七帝大の講座研究費が、総額で一〇〇〇万円程度だったとされるから（『名古屋大学五十年史』）、いかに大きな額であったかがわかる。

時局と科学振興

なぜ突如、このように多額の研究費の交付を開始したのか。科学振興調査会から昭和一五（一九四〇）年に出された答申は、その理由を、次のように説明している。

「大学ニ於ケル基礎及ビ応用研究ハ一般実用研究ノ源泉ト云フベク、之ナクシテハ本邦産業ノ十分ナル発達ヲ期スルコトノ不可能ナルハ疑ヲ容」れない。ところが「之等大学ノ研究ハ人的並ニ物的施設ノ甚シク不備ナルニモ拘ラズ、既存ノ施設ヲ最大限ニ活用シテ漸クニシテ挙ゲ得タル成果」であって、「世界ノ科学水準ニ比スレバ、尚幾多ノ遜色《そんしょく》アルヲ免レ」ない。「本邦科学ノ振興ヲ図ルニハ先ヅ大学ニ於ケル這般《しゃはん》ノ欠陥ヲ是正シ、研究施設充実ニ関スル根本方策」を確立する必要がある。そのためには、研究費の増額が不可欠である。

「本邦科学ノ水準ヲ高メ国家ニ須要ナル基礎及ビ応用研究ノ完遂ヲ期スルガ為ニハ、現在ノ文部省科学研究費三百万円ニテハ甚ダ不十分ナルヲ以テ、更ニ之ヲ増額シ各大学及ビ研究機関ヲシテ現下山積セル重要研究事項ノ解決ニ当タラ」せなければならない（『日本科学技術史大系』第四巻）。

原子物理学者として知られた仁科芳雄《にしなよしお》は、この科学研究費制度の創設・拡充策を、「従来政府の執つてきた科学に対する関心のこと、そして現下の時局のことを考へれば、これは全く前例のない同情の示し方である。殊にこれが全く科学の基礎研究に使用されるといふ建前を執るに於て、当局者の理解は正に科学者の要望に合致するものであると同時に、真に深謀遠慮の国策といふべきである。希《ねがわ》くは今後益々此予算を拡張して我が科学の基礎を培われたい」と、皮肉交じりに評価している（同前）。「前例のない同情の示し方」と皮肉られた、「現下の時局」を考えての「深謀遠慮の国策」とは何であったのか、それが帝国大学の研究機能の強化、つまり「研究」大学化にどのような役割を果たしたのかは、次章で見ることにしよう。

第一四章　戦時体制のもとに

帝国と大学の亀裂

日本が戦時体制に突入していく昭和年代は、帝国大学にとって受難の時代であり、同時に発展の時代でもあった。

「受難」というのは、それが学問の自由とかかわって、「帝国」と「大学」との間に亀裂《きれつ》を生じ、明治以来築き上げてきた大学自治の慣行が、大きく揺らいだ時代だったからである。マルクス主義に代表される、反体制的思想を抱く大学教授たちの言説に神経をとがらせた政府が、彼らの処分を求めて大学側と厳しく対立するようになったのである。

亀裂が表面化しはじめたのは、大正八（一九一九）年の「森戸《もりと》事件」の頃からである。東京帝大経済学部の森戸辰男《たつお》助教授が発表した論文が、無政府共産主義思想を宣伝するものとされ、文部省が山川健次郎総長に処分を要求してきたこの事件は、教授会が休職やむなしと審議決定することで自治慣行は守られたが、森戸は結局、辞職を余儀なくされた（『東京大学百年史』通史二）。

昭和年代に入ると、亀裂はさらに広がっていく。昭和三（一九二八）年、日本共産党関係者が大量に検挙された「三・一五事件」とかかわって、文部省が今度はマルクス主義を唱える「左傾教授」たちの処分を大学に求めてきた。

自治慣行を尊重する建前から「自発的辞職を促しあるいは休職を命ずる方針」で、形の上で処分は各総長に一任され、教授会側の対応も大学によりさまざまであったが、文部省の圧力のもと、自発的辞職を含めて東京帝大の大森義太郎《おおもりよしたろう》、京都帝大の河上肇《かわかみはじめ》、さらに九州帝大の石浜知行《いしはまともゆき》・向坂逸郎《さきさかいつろう》・佐々弘雄《さっさひろお》と、いずれも経済学の教授・助教授が大学を去ることになった。さらに昭和五年にも、東京帝大の山田盛太郎《やまだもりたろう》・平野義太郎《ひらのよしたろう》が「左傾分子」として処分対象とされ、辞職を強いられている。

京都帝大の滝川事件

「国体観念ノ徹底」「日本精神の作興」が叫ばれ、「教学刷新」が文教政策の最重要課題とされるようになると、政府・文部省による思想統制は自由主義思想にも及びはじめた。

昭和八（一九三三）年、著書『刑法読本』の発売禁止処分を受けた京都帝大法学部の滝川《たきがわ》幸辰《ゆきとき》教授について、文部省が辞職または休職を要求し、大学側がこれを拒否すると、文部省が一方的に「文官分限令」による休職処分を決定した「滝川事件」は、それを象徴するものといってよい（『京都大学七十年史』）。

法学部教授会は、これまで築いてきた自治慣行に反する不当な処分だとして反発し、教官全員が辞表を提出する事態となった。小西重直《こにししげなお》総長は、滝川教授の件をあくまでも例外とし、「総長ガ文部当局ヨリ教授ノ進退ニ関シ意見ヲ求メラレタルトキハ、之ヲ当該教授会ニ諮問シ必ス其ノ答申ニ依リテ具状スル」という慣行の尊重を、文部省に確認することで妥協をはかろうとしたが、教授会側の納得を得られず、自身が辞職に追い込まれた。後任の総長が、滝川を含む教授六名の辞表を文部省に進達するのと引き換えに、先の慣行を確認することで総辞職は免れたが、さらに二名の教授が辞職するなど、法学部は大打撃を受けた。

その後も昭和一二、一三年に東京帝大経済学部の矢内原忠雄《やないはらただお》・大内兵衛《おおうちひょうえ》・河合栄治郎《かわいえいじろう》ら五名の教授・助教授が、思想信条を理由に辞職を強いられるなど、学問の自由と大学の自治は、大きく揺らぐことになった。

荒木文相の人事介入

それに追い打ちをかけるように昭和一三（一九三八）年には、文部大臣に就任した陸軍大将荒木貞夫が、帝国大学側と対峙する事件が起きた。当時の京都帝大総長は浜田耕作であったが、荒木文相が、病気を理由に辞職を申し出た浜田を慰留する一方で、後任総長の推薦を選挙によって行うことに異議を唱えたのである。

それだけでなく浜田総長が死去すると、荒木は各帝大の総長を招集して総長を官選に戻すことを求め、学部長や教授・助教授の人事についても、法的根拠のない投票によって決めるのは望ましくないとして、人事はすべて総長の推薦により文部大臣が奏請する方針を伝えた。会議の席上、荒木は「大学ノ明朗化、大学ノ人事ニ付テ大臣ハ取次ノミニテハ責任ヲ以テ奏上シ兼ネル、選挙ヲ行ヒ且ツ任期マデ付セラルルハ面白カラズ」と述べたとされる（『東京大学百年史』通史二）。

帝国大学の人事に対する文部大臣の監督権限を強化し、大学の自治に制限を加えようとするこの方針に、帝大側が強く反発したのはいうまでもない。総長の選任に焦点化された対立は、大学による総長候補推薦の慣行は容認するが選挙は間接制にする、複数候補の推薦を求める、任期は定めないなど、文部省の求める改革案をめぐって厳しいやりとりが繰り広げられた。

結局、投票の無記名から記名方式への変更を除いて、ほぼ従来通りの線で自治慣行が認められることになるのだが、決着までに半年近くを要している（同前）。帝国大学と日本帝国との明治以来の蜜月《みつげつ》関係は、終わりを告げようとしていた。

科学動員の時代

こうして大学自治の制限をはかる政府・文部省は、その一方で同じ昭和一三（一九三八）年、文相を長とし、文部・陸軍・海軍・農林・商工・逓信・大蔵の各省次官、企画院次長、それに各学会の代表を委員とする、前章でも触れた大型の審議機関「科学振興調査会」を発足させ、その答申をもとに帝国大学の拡充整備、より具体的にいえば自然科学を中心とした「研究大学」化に向けて、積極的な努力を開始した。

日中戦争勃発《ぼっぱつ》から一年後の昭和一三年は「国家総動員法」が策定され、それに呼応して企画院に「科学審議会」が設置され、総力戦遂行の重要な一環として「科学動員」が叫ばれ、日本が戦時体制に向けて歩みを早めた年でもある。科学振興調査会は、そうした「時局ノ進展」に対応するべく設置された戦時色の濃い審議機関であり、昭和一四、一五、一六の各年度に、三次にわたる答申を行っている。

「現下時局ノ進展ニ伴ヒ国家ノ要望ニ鑑ミ、我ガ国科学ヲソノ根底ヨリ振興セシムル為、諸般ノ施設ヲ必要トスルモ、就中緊急ノ方策」を調査審議し、提言することにあるという第一次答申の一節に見るように、この調査会の設置目的はなによりも、総力戦体制の構築のための科学動員・科学振興策の策定と推進にあった。そして、答申を読むと、その科学振興にかかわる「諸般ノ施設」の中核に位置づけられたのが大学、なかんずく帝国大学であり、帝国大学の研究機能の飛躍的な強化を求める多くの提言が盛り込まれていることがわかる。

とりわけ昭和一五年に出された第二次答申には、研究者の待遇改善、研究者数および研究費の増加、大学における研究所の整備充実と新設、大学院・研究科の整備拡充、それに文部省科学研究費の増額など、大学の研究機能の飛躍的な強化を求める包括的な提言がなされている（『日本科学技術史大系』第四巻）。

研究機能の強化策

その提言の主要部分は以下の通りである。

(1) 待遇改善について。研究者、すなわち大学の教官の待遇を改善し「有能卓抜ナル人材ヲシテ安ンジテ其ノ研究ニ専念」せしめるべく、まずは給与を「現下社会各般ノ水準ニ達スルヨウ向上」をはかる必要がある。

(2) 研究者数について。研究者数は現在の定員では不十分であり、不足は「設立古キ大学ニ於テ特ニ著」しい。「教授ノ定員ヲ増加シ、一教授ノ下ニ少クトモ助教授二名、助手六名ヲ置」くべきである。

(3)研究費について。大学の「研究費ハ極メテ少額ニシテ、教授上学生ノ実験及研究ノ指導ニモ甚ダ不十分ナルヲ以テ、基礎研究ニ要スル経費ノ如キハ殆ド之無キ状況」にある。「経常費トシテ新ニ一教授ニ付キ年額平均二万円ノ研究費ヲ計上」すべきである。

(4)研究所の拡充整備について。大学付置の既設研究所を拡充整備するとともに、「各種重要事項ニ関スル研究所ヲ新設」し、「十分ナル研究専任ノ教授、助教授及ビ助手ヲ配置」する必要がある。

(5)大学院・研究科の整備拡充について。科学の振興には「独立シテ研究シ得ル研究者ヲ益々多数必要」としている。「大学院及ビ研究科ノ研究設備ヲ整備」し、その「機能ヲ活用シ、斯カル研究者ノ養成ニ努ムルノ要アルヲ以テ、学生ノ研究費ヲ計上スルト共ニ、優秀ナル人材確保ノ為給費ノ制度ヲ設」けるべきである。

国家総力戦の時を迎え、生産力の飛躍的発展をはかるうえで、帝国大学の自然科学を中心とした研究活動への期待が急激に高まるとともに、あらためてその貧弱な現実に目が向けられ、研究費の増額にとどまらず、研究と研究者養成の体制全般にわたる抜本的な改善・改革の必要性が認識されるに至ったことが知られる。

理工系人材の育成策

生産力の増強をはかるには、研究と同時に教育、すなわち生産活動の直接の担い手となる研究者・技術者の養成システムの拡充が不可欠である。実際に軍需産業を中心に、鉱工業関係では技術者の激しい争奪戦が生じており、これも昭和一三（一九三八）年に、大学の工学部・理工学部の卒業生の雇用について厚生大臣の認可を求める、つまり政府に技術者の配分権限を認める「学校卒業者使用制限令」が施行されるに至っていた。

調査会の答申はこの点についてもきわめて具体的に、たとえば大学卒業生の「差当リ最小限三倍以上」の増加を求めるなど、技術者の育成供給源である理工系大学・専門学校の大拡充政策を提案している。そのなかから帝国大学関連の部分を抜き出してみよう（『日本科学技術史大系』第四巻）。

⑴　工学関係。各大学工学部に学科を増設し、併せて可能な限りの定員増加をはかる。東京その他の帝国大学に第二工学部を設置する。

⑵　理学関係。各大学理学部の施設拡大と定員増加をはかる。名古屋帝大の他一大学に理学部を設置する。二大学に第二理学部を設置する。

⑶　農学関係。各大学農学部の施設拡大と定員増加をはかる。東北帝大の他二大学に農学部を設置する。一大学に第二農学部を設置する。

このほかに「新ニ数個ノ帝国大学又ハ単科大学ヲ創設」することも提案されている。帝国大学の大拡充、一層の理工科大学化が構想されたのである。

このように帝国大学の理工系大拡充をはかるには、入学者の供給源である高等学校理科の定員増が必要になる。「新ニ高等学校ヲ増設スルト共ニ、既設高等学校ノ理科学級増加及ビ文科理科学級ノ組替ヲ行フコト」。また、各分野の技術者を計画的・効率的に養成する必要があるから、「高等学校卒業者ノ大学入学ニ関シ其ノ選択ヲ或程度制限シテ或大学ニ集中スルコトヲ避クルト共ニ、原則トシテ卒業ノ年ニ大学不入学ノ者」が出ないようにする。

高等学校のよき伝統であった文・理のバランスを大きく理科に傾け、進学先の大学・学部・学科の選択の自由を制限する方策が要求されたことがわかる。

学生を増やすとなれば、次は教員である。「大学、高等学校等ノ拡張ニ伴フ教職員ノ養成ハ速ニ之ヲ実施スルノ要アルヲ以テ、既設ノ大学ニ特ニ此ノ目的達成ノ為、教授、助教授及ビ助手等ノ定員ヲ増加スルト共ニ大学院及ビ研究科ノ施設ヲ充実シ、給費生制度ヲ設クル等ニ依リ、人材ノ養成確保ヲ図」らなければならない。

これまで軽視、というより無視されてきた大学院の整備拡充が、研究だけでなく教育の面からも、国策上の最重要課題の一つに挙げられるようになったのである。

困難な新設

もちろん、これらの提言がそのまま実現されたわけではない。増大する一方の軍事費に文教予算が圧迫され、人的にも物的にも窮迫しつつあった時期の大拡張計画である。その多くは絵に描いた餅《もち》に終わっている。とくにコストのかさむ大学・学部・学科等の新設は、大蔵省の強い反対もありきわめて困難であった。帝国大学の新設など論外であり、実現したのは名古屋帝大理工学部の工学部と理学部への分離、それに東京帝大の第二工学部新設のみであった。

事実上唯一の新設となったその第二工学部だが、『東京大学百年史』によると、工学部では昭和一二（一九三七）年頃から「技術員増員ガ国家ノ緊急事ナルヲ痛感」して拡充計画を立て、予算要求をしていた。しかし認められず、「多大ノ困難ヲ忍ンデ二部授業、又ハ類似ノ方法ニ依リ二ヶ年ヲ限リ学生増員ヲナスコトヲ決意」し、昭和一四、一五年度に「定員約三分ノ一以上（約百三十名）ノ臨時定員」増を行った。だが、臨時措置では限界がある。第二工学部の新設を構想して一六年度の予算要求をしたが、これも通らなかった。

それが一転して実現に向かったのは、海軍の協力があったからである。当時の総長平賀《ひらが》譲《ゆずる》は海軍技術中将で前工学部長という経歴の持ち主であった。その平賀が海軍に働きかけ、「建設ニ必要ナル資材ニ就テハ海軍ニ於テ考慮」することなどを条件に文部省と交渉し、「陸海軍、企画院一致シテ文部省ニ協力」するとの合意を取り付けて、ようやく追加予算で実現

表14－1　帝国大学の学部別入学者数（人）

	昭和15年	昭和20年	倍率
文	361	480	1.33
法	984	1062	1.08
経	642	665	1.04
法文	509	525	1.03
小計	2496	2732	1.09
理	394	864	2.19
工	1494	2863	1.92
農	477	700	1.47
医	799	1084	1.36
小計	3164	5511	1.74
合計	5660	8243	1.46

『文部省年報』各年度より作成

を見ることになったのである。それが日米開戦直前の実情であり、その後も敗戦を迎えるまで帝国大学・学部の新増設はなかった（ただし植民地の二帝大については戦時下に、京城に理工学部、台北に工学部がそれぞれ新設されている）。

理工科大学化への道

「国家ノ緊急事」となった技術者の養成策として代わりに採られたのは、コストの安くつく既存の理工系学部・学科の収容定員増である。

表14－1は、帝国大学の学部別入学者数を見たものだが、昭和一五（一九四〇）年と二〇年の間に、理学部と工学部の入学数が二倍前後に急増していることがわかる。昭和一五年の入学者に占める理工系学部の比率はまだ五六％であったのが、二〇年には六七％に達している。戦争末期の帝国大学は、急激に理工科大学化への道を歩んでいた。

理工系重視への転換が、高等学校の場合にさらに極端な形で実行されたことが、表14－2

から知られる。理科の比率は昭和一五年の五二%から、一九年には実に八七%に急上昇した。科学振興調査会の答申が、理科の学級増と理科・文科の「学級組替」を提言していたのは、先に見た通りだが、昭和一八年末に発表された教育の「戦時非常措置方策」は、「官立高等学校ノ募集人員ハ第一高等学校ニ在リテハ二学級、其ノ他ノ高等学校ニ在リテハ一学級」、「理科ノ募集人員ハ第一高等学校乃至第八高等学校ニ在リテハ八学級、其ノ他ノ高等学校ニ在リテハ五学級」とし、公私立高等学校もこれに準じた措置を期待するという、なりふり構わぬ理科増員策を打ち出している（『文教維新の綱領』）。

全体の九割近い理科入学者数は、その「非常措置」が忠実に実施されたことを物語っている。戦争が長引けば、帝国大学の理工科大学化はさらに極端な形で推進されることになっていたであろう。

表14－2　高等学校入学者の文・理別（人）

	昭和15年	昭和19年
文科	3046	1133
理科	3297	7255
合計	6343	8388
理科比率(%)	52.0	86.5

『文部省年報』各年度より作成

特別研究生制度

大学院・研究科に関する提言も、実施に移されたものの一つである。ただし、それは既設のそれの整備拡充ではなく、答申にはない新制度の大学院を別途設置する形をとることになった。「科学戦、思想戦タル様相ガ益々激化シタル現下ノ情勢ニ於テハ、学術ノ研究ハ洵《まこと》ニ焦眉ノ急トナリ、又研究者ニ其ノ人ヲ得ルコトハ極メテ肝要」であるという趣旨説明のもとに発足した、「特別研究生」と呼ばれる制度がそれであり、具体的には以下のような構想によるものであった。

①特別研究生の研究年限は第一期二年、第二期三年とする。②定員は第一期約五〇〇人、第二期約二五〇人とする。③学資として月額九〇円を支給し、別途受け入れ大学に相当額の研究費を交付する。④修了後は「研究年数ノ一倍半ニ相当スル期間、文部大臣ノ指定ニ従ッテ就職」する義務を負う。⑤選定にあたっては「大学ガ推薦シタル者ニ付テ審査ノ上、文部大臣」が認可する。⑥「審査ニ当ツテハ銓衡会ヲ設ケ之ニ諮テ決定」する。⑦第二期生は第一期修了者の中から大学の推薦により、銓衡会で審査決定する。

この制度は「新制大学院」とも呼ばれたが、「銓衡ニ当ツテハ特ニ決戦体制下戦力増強ニ直接関係アルモノニ限ツテ選」ぶ予定だとあるように、総力戦遂行に必要な自然科学系主体の研究者養成を目的としたきわめて特殊な制度であり、大学院制度それ自体の改革を目指すものではなかった。

特別研究生の推薦や受け入れを認められたのも、七帝国大学と東京商科・東京工業・東京文理科の三官立大学、それに早稲田・慶應義塾の二私立大学だけであり、それ以外の大学の学生はこれら一二大学に願書を出して推薦を受けるものとされたことからも、その特異性がわかる。初年度（昭和一八〔一九四三〕年）の受け入れ数を見れば、東京帝大一一一名、京都帝大七九名など帝国大学に集中しており、しかも圧倒的に自然科学系主体であった。

研究人材の確保策

日米開戦以後、文系の学生は学業半ばで学徒出陣し、「理科系学生は、特別に卒業まで兵役に就くことを延期できたが、卒業と同時に兵役に就くか、あるいは軍需工場に動員の形で就職するという有様」であり「大学内では教授・助教授はかろうじて定員を確保できたが、若い講師や助手はほとんど在籍せず、研究・教育面で支障が出始め」ていた。「理科系の研究・教育には実験は必須であって、そのためにも若い人の確保は緊急を要した。さらに重要なことは、教育・研究で、人材の断層を創ってはならないということである」――『大阪大学五十年史』は、当時の大学の窮迫した実態をそう記している。特別研究生制度は大学院改革のためというより、「大学内に若い人材を確保するため」の苦肉の策であったとみるべきだろう。

戦争も末期に近づいてからの新制度の導入であり、成果を出す前に敗戦を迎えたが、特別研究生制度自体は戦後の昭和三三（一九五八）年まで存続し、激変期の研究者・大学教員養成に重要な役割を果たしたことを付け加えておこう。

表14－3　帝国大学の付置研究所設置数

	～昭和13年	昭和14～20年	計
東京	3	3	6
京都	1	4	5
東北	1	8	9
九州	1	4	5
北海道		3	3
大阪	1	2	3
名古屋		1	1
合計	7	25	32

『文部省年報』および各大学史による

付置研究所の大増設

科学振興調査会の答申の中で、実現の度合いが最も高かったのは、付置研究所の新増設である。

表14－3に見るように、昭和一三（一九三八）年の時点で帝国大学の付置研究所は、東京に三、京都・東北・九州・大阪に各一の計七研究所があるにすぎなかったのが、昭和一四年以降敗戦時の昭和二〇年までに二五研究所が新設されている。東北帝大のように、九つの研究所を擁する「研究所大学」まで出現するに至ったのだから、激変といってよい。

大正三（一九一四）年に内務省から移管された伝染病研究所は別として、東京帝大に本格的な研究所が付置されたのは、大正七年設置の航空研究所が最初である。第一次大戦時に軍用飛行機の重要性が認識されるようになったことから、山川健次郎総長が構想したものだが、当初は「大学付属」の小規模な研究所で、大学の一部局にすぎなかった。それが、大正一〇年に独立の「官制」を持つ、ということは独立の定員と予算を認められた、帝国大学教官による共同利用の「付置」研究所へと発展を遂げたのである。

表中に掲げたのは、そうした独立の「官制」を持つ帝国大学の付置研究所群である。昭和一〇年代に入ってからの各年の新設数を見ると、昭和一四年三、一六年六、一七年一、一八年六、一九年六、二〇年三となっており、戦時期、とりわけその末期になって、濫設といってよいほどに数多く設置されたことがわかる。

戦後への遺産

これら付置研究所のうち、文系は京都帝大の人文科学研究所と、東京帝大の東洋文化研究所の二所のみである。他はすべて理系、それも理・工・農・医の各分野にまたがる横断的な、総合的・学際的な研究所よりも、主としては工学系の特定分野のものであったことが、研究所名からうかがわれる。設立の経緯を見ると、講座制のもとでの研究蓄積を踏まえ、大学側からの要請に基づいて予算化されたものも少なくない。しかし理学系と工学系とを問わずほとんどが、経緯はさまざまだが戦時体制下に、基礎研究よりも応用研究を目指し、あるいは求められたものであり、戦局の悪化とともに否応なく軍事色を強めていった。

とくに昭和一八（一九四三）年以降に創設・付置された一五研究所についてはその色合いが濃い。一八年八月に開かれた「帝国大学総長会議では、陸海軍当局者も出席し、岡部長景《おかべながかげ》文相が、研究所は戦場と心得、研究成果を第一線に応用する熱意をもってすること、ために一時教育上の任務を中止することもやむを得ない、と訓示」したとされるが（『日本科学技術史大系』通史四）、そこまで事態は切迫していたのである。

このように人的にも物的にも窮迫した時期に濫設された付置研究所群だが、「この多数の研究機関のほとんどがこんにち存続している。科学動員は、すぐ戦争に役立つという面ではまことに遅々たる歩みしか示さなかったが、科学研究そのものはそれに乗ずることによって大いに拡大した」と科学史家の広重徹《ひろしげてつ》は述べている（『科学の社会史』）。実際に、これら研究所群は事実上すべてが、名称や組織を変更して第二次大戦後も存続している。

戦時期は七帝国大学の「研究大学」への歩みが急加速された時代であった。

第一五章　国立総合大学へ

帝国大学の終戦処理

このように総力戦体制に組み込まれ、戦争協力を強いられた七校の帝国大学だが、昭和二〇（一九四五）年八月一五日、終戦の日を迎えるといち早く戦時体制からの脱却・転換に着手した。

東京帝大では、早くも八月一五日の午後一時に、学部長会議を開いて新事態への対応を協議し、「現在従事シ居ル戦時研究ハ〔終戦の〕大詔ノ御趣旨ニ鑑ミ此ノ際中止スルコト、但シ基礎的研究トシテ直接戦争ニ関係ナキモノハ此ノ限リニアラザルコト」を申し合わせている。さらに八月二一日の学部長会議で各学部長に「戦時的な講座の名称や内容の変更の要不要や場合によって教官の変更の必要について」意見の開陳を求め、工学部から造兵・火薬・航空機など軍事関連の学科・講座名称の変更を申し出るなどのことがあった（『東京大学百年史』通史二)。

原子力・航空関連の研究禁止

九月に入ると、占領軍(GHQ)が日本の非軍事化政策の一環として、政府に原子力関連の研究の全面的禁止を指令し、一一月にはさらに航空関係の教育研究について同様の措置を求めてきた。それをうけて文部省は、各大学に「航空科学、航空力学、其ノ他航空機及気球ニ関スル学科、学科目、研究所等ハ之ヲ廃止スルコト」、「右ニ関スル教授、研究、調査、実験ハ之ヲ廃止スルコト」を通達し(『東京大学百年史』通史二)、帝国大学における航空関係の教育研究活動は、以後全面的に禁止されることになった。

ただ廃止といっても、それ以外の軍事関連の研究所や学科・講座を含めて、事実上はほとんどの場合、名称変更にとどまり、教員ポストや学生定員は温存されたまま戦後に引き継がれたことを指摘しておくべきだろう。

そうしたなか唯一の例外は、軍部の強い要請と支援のもとに創設された東京帝大の第二工学部であった。同学部には、船舶、航空機体(物理工学)、航空原動機(内燃機関)、造兵(精密工学)という軍事関連の四学科があり、敗戦後カッコ内のように名称変更されたが、それでは終わらず、学内に設けられた総長を委員長とする「新大学制度実施準備委員会」での議論を経て、昭和二三（一九四八）年二月、「保有講座の約半数の三〇余の講座をもとに生産技術研究所を新たに設置し、残りの講座は、文科系をはじめとする他の部局の拡充に振り当て」ることが決まり、最終的に第一工学部に統合されて姿を消すことになった。

教員の復学と追放

非軍事化・民主化は教育、ひいては教員の世界にも及んだ。

すなわち昭和二〇（一九四五）年一〇月にはGHQが、指令「日本教育制度ニ対スル管理政策」を発して、「軍国主義的及ビ極端ナル国家主義的イデオロギーノ普及」の禁止など、大学の教育内容の再検討を求めると同時に、「教師及ビ教育関係官公吏」を「出来得ル限リ迅速ニ取調」べ、「軍国主義、極端ナル国家主義ノ積極的ナル鼓吹者及ビ占領政策ニ対シテ積極的ニ反対スル人々」を罷免すること、および「自由主義的或ハ反軍的言論乃至行動ノ為解職又ハ休職トナリ或ハ辞職ヲ強要セラレタル教師及ビ教育関係官公吏」の「資格ヲ直ニ復活」シ、「積極的ニ之ヲ復職セシムルコト」を求めてきた。

前に触れたように、戦時体制下にマルクス主義者から自由主義者まで、反体制・反国体思想の持ち主と見なされて休職や辞職を強いられ、大学を去らざるをえなかった教員は少なくなかった。自治と学問の自由を取り戻した大学はこれら教員の復学と同時に、軍国主義的・

国家主義的な思想を持つ、あるいは戦争協力をした教員たちの追放を求められたのである。

帝国大学のなかには、指令に先立って独自に動きだしていたところもあるが、GHQの指令に沿った文部省の通達をうけて、すべての大学が一方では戦時期の追放教員の復職をはかり、他方では二一年五月に設けられた「教職員適格審査委員会」を通して、軍国主義・国家主義を鼓吹してきた教員の追放を進めた。審査によって不適格とされた教員は、たとえば東京帝大八名、京都帝大九名など、さほど多くはない。しかし、自発的に辞職していった教員も少なくなかったことが知られている。

学生たちの戦後

戦時体制からの転換は、学生についても急ピッチで進められた。

昭和二〇（一九四五）年三月の「決戦教育措置要綱」により、一年間の停止措置がとられていた大学・高等専門学校の授業が再開されたのが九月一五日、同じ日に文部省が発表した「新日本建設ノ教育方針」は、「勤労動員、軍動員ニヨル学力不足ヲ補フ為メ適当ナル時期ニ特別教育ヲ施ス」とともに、学生の転学、転科等も一部認めることとし、とくに「陸海軍諸学校ノ在学者及卒業者」については、前記の特別教育を経て「文部省所管ノ各学校ニ夫々ノ程度ト本人ノ志望トニヨリ入学」させるとするものであった。

学徒動員や学徒出陣で学園を離れていた学生の復学は当然として、昭和二〇年に陸海軍あわせて入学者約九〇〇〇人と、高等学校を上回る規模に膨れ上がっていた軍関係諸学校生徒の処遇が大きな課題とされたことがわかる。これら軍学校からの転入学については、当初人数の制限はなかったが、GHQの指示があったのであろう、二一年二月に文部省から「学生総数の一割以内とする」との通達が出されている（天野『新制大学の誕生』上）。

この措置によって、大学・高等学校・専門学校等に入学を認められた軍学校在学者・卒業者の総数は明らかではないが、先の「特別教育」の必要から昭和二一年春には高等学校が卒業者を出さなかったこともあり、東京帝大でいえば同年の入学試験合格者一〇二六名中の三五五名を占めていた。

このほかに、京城・台北の両帝大をはじめとする旧植民地からの帰国学生・生徒についても転入学が認められたこと、また高等学校については戦時下に大量増員のはかられた理科から、文科への転科（「文転」）認められたこと、さらに東北など一部の帝大で例外的な措置として大正期から始められていた女子学生の受け入れが、正式に認められたことを付け加えておこう。東京一九、京都一七、東北八、九州四、あわせて四八名というのが、昭和二一年度の記念すべき女子の第一回帝国大学入学者であった（同書）。

帝国大学の「整備方針案」

こうして平時への転換を推し進める一方で、文部省は、敗戦から一年後という早い時期にすでに、戦時体制下に見送られてきた帝国大学制度の一層の拡充を構想していた。昭和二一(一九四六)年八月作成の文書「極秘　学校整備方針案」によれば、その内容は以下の通りである(羽田貴史『戦後大学改革』)。

(1) 帝国大学のうち総合大学としての学部を欠くものはこれを完備する。例えば北海道帝大に法文学部を、大阪帝大及名古屋帝大に法文学部、農学部を設置する。

(2) 外地に於ける帝国大学等の廃止の実情並に我が国の帝国大学の地理的分布の実情等を考慮して北陸地方、中国地方及四国地方に帝国大学を設置する。

(3) 女子教育振興のため東京及び近畿地方に女子帝国大学を設置する。

こうした文部省の構想は、帝国大学に限らず官立の諸高等教育機関の間に、さまざまな動きをもたらした。

まず、「整備方針案」の第一項に基づいて、既設の帝国大学の間に生じた「総合大学」化への動きである。

これまで見てきたように、終戦の時点で七校の帝国大学のうち、文部省が「理想」としてきた「文・法・経・理・工・農・医」の七学部を置く総合大学は、東京・京都の二校のみであった。東北・九州の両帝大では、文系学部は法文学部の形をとり、また北海道・大阪・名古屋の三帝大は文系学部を持たず、東北・大阪・名古屋には農学部がなかった。

『名古屋大学五十年史』に引用された地元紙の記事（昭和二十一年八月八日付）は、「このほど文部省で開かれた各帝大会計打合会席上、文部省大学教育部課より帝大中現在七学部（中略）になっていない名古屋、九州、東北、北海道、大阪の各大学を七学部揃った綜合大学としたい意向が明かにされ、関係大学は計画と概算書を提出してほしいとの要望があり、名大でもさきに計画した農学部と新たに法、文、経済学部の予算を算定、今月末には本省に提出する」ことになった、と報じているが、総合大学として未整備の五帝大は、文部省の構想が示されると、それに応じてそれぞれに動き出したのである。

ただ、その動きは大学によってまちまちで、財政難もあり、総合大学化が簡単に実現したわけではなかった。

「総合大学」化への動き

東北・九州の両帝大に共通の課題は、法文学部の文・法・経の三学部への分離であったが、それが実現したのは、昭和二四（一九四九）年四月一日のことである。新制大学への移行は五月一日だから、旧制度下でのぎりぎりの実現であったことがわかる。

大正期に新しい教養教育の理想を掲げて開設されたといっても、実態は文・法・経の三領域が分立していた法文学部である。大学側も文部省側も分離独立は既定の方針であり、急ぐ必要はなかったということなのかもしれない。東北帝大は農学部の設置の方を急ぎ、昭和一四年設置の小規模な農学研究所を母体に、二二年四月に農学部を発足させた（『東北大学五十年史』上、『九州大学五十年史』通史）。

文系学部の新設

文系学部を欠いた三帝大のなかでは、北海道帝大が大正一〇（一九二一）年から毎年のように法文学部設置の概算要求を繰り返してきたものの実現を見ず、終戦後いち早く働きかけを再開し、昭和二一（一九四六）年一〇月の閣議決定を経て設置が認められ、翌年四月から授業を開始している。その法文学部が文学部と法経学部に分離したのは、新制大学に移行後の昭和二五年、法経学部が法学部と経済学部に分かれたのは二八年になってからであった（『北大百年史』通説）。

大阪帝大の場合、文系学部の増設運動は戦時体制下の昭和一八年に始まり、敗戦直後の二〇年一〇月にも、文部大臣宛てに建議書を提出している。文部省の示唆もあり、二三年度の概算要求で法文学部の新設を要請し、二三年九月に設置が認められた。この間、市立の大阪商科大学、それに官立の神戸経済大学との合併話もあったが、具体化するには至らなかった（『大阪大学五十年史』通史、『神戸大学百年史』通史）。

新設された法文学部については「創設当初から文・法・経の三学部ないし、文・法経の二学部に分離独立することが予定されていた」とされ、二四年五月の新制大学移行時に文学部と法経学部に、さらに二八年になって法経学部が法と経済の二学部に分離している。

最後発の名古屋帝大は文部省の指示に忠実に、昭和二二年三月、法・文・経済・農の四学部新設の計画案を作成したが、それは愛知県内所在の名古屋経済専門学校・第八高等学校、それに岐阜農業専門学校の官立三校の吸収統合を想定してのものであった。

しかし、県外の岐阜農専の統合は難しく、計画は八高と名古屋経専を継承する文系学部設置に修正された。しかも文系三学部の即時新設は困難とあって、結局二三年九月、八高をベースに文学部、名古屋経専を継承して法経学部を設置することで決着した。法経学部の法・経済の二学部への分離が認められたのは二五年三月になってから、農学部新設が実現するのは二六年三月のことである（『名古屋大学五十年史』通史一）。

文部省が戦後いち早く打ち出した全帝国大学の総合大学化構想だが、実現までに七年かかったことになる。いや大阪大学が、農学部を持たぬまま現在に至っていることからすると、明治以来の理想は、実現されずに終わったというべきかもしれない。

なお、GHQ側の強い要請をもとに、新制大学への移行時に研究者・行政官・中等教員の養成を目的に、大阪を除く各大学に教育学部が新設されたことを付け加えておく(天野『新制大学の誕生』下)。

「女子帝国大学」構想

「整備方針案」による新設構想のうち、第三項の東京・近畿における「女子帝国大学」設置構想については、官立唯一の女子高等教育機関である女子高等師範学校に、早くからその動きがあったことが知られている。

女子大学の設置は戦時体制期の昭和一五(一九四〇)年、内閣直属の「教育審議会」がその必要性を答申して以来の懸案事項であり、文部省は決戦体制下に見送らざるをえなかったその設置を、敗戦後の早い時期から重要政策課題の一つに掲げていた。

「差当リ女子ノ〔大学〕入学ヲ阻止スル規定ヲ改廃シ女子大学ノ創設並ニ大学ニ於ケル共学制ヲ実施ス」る、また「現ニ存スル女子専門学校中適当ナルモノハ女子大学タラシムル如ク措置スル」という、「女子教育刷新要綱」を文部省が発表したのが昭和二〇年一二月である。『お茶の水女子大学百年史』によると、東京女子高等師範学校はほぼ同時期に「東京女子帝国大学創設趣旨並組織」なる文書を作成し、文部省に提出している。

それによれば、講座制をとる文学部と理学部、さらにはこれに家政学部を加えた「女子帝国大学」を同校に併設し、「将来ハ医学部、農工学部ヲ加設シテ女子ノ総合大学タルノ組織ヲ整」えるという、本格的な女子帝国大学構想であった。文部省は「省議に諮り、設置方針を定めてその予算を大蔵省に請求した」が、「戦後日がなお浅く、国費に余裕がないという理由で査定され、のちに他の国立大学が設置される時まで延ばされた」と、同校史にはある。結局「女子帝国大学」は実現を見ずに終わった。

新帝大の誘致運動

「地理的分布の実情等を考慮して北陸地方、中国地方及四国地方に帝国大学を設置する」という「整備方針案」の第二項は、官立諸学校には帝国大学「昇格」の、地方自治体にとっては「誘致」の機会を開くものとして、関係者の間に大きな反響を呼んだ。

帝国大学の地理的配置については、最初の教育法規である明治五（一八七二）年の「学制」に、全国を八つの「大学区」に分け、それぞれの中心である東京府・愛知県・石川県・大阪府・広島県・長崎県・新潟県・青森県に各一校の大学を置くという構想が示されていた。近代化を開始したばかりの時期の空想に近い構想であったが、その後、戦前期を通じて各県から繰り返し帝国議会に提出された帝国大学設置の建議等を見ると、この構想がその後も、誘致運動の拠《よ》りどころ的な役割を果たしてきたことが知られる。

敗戦直後の時期に、文部省が北陸、中国および四国と具体的な地域名を挙げて新設構想を打ち出したことは、戦時体制下に抑制されていた、そうした帝国大学誘致への願望をあらためてかきたてるものであった。関係者は色めき立ち、誘致運動が全国的な広がりを見せるのだが、経緯と顚末《てんまつ》を理解するためには、その前に戦後の「学制改革」の経緯に触れておく必要がある。

六・三・三・四制への移行

これまで触れてきたように、わが国の戦前期以来の高等教育システムは、多様に分化した学校種からなる複雑な構造を持ち、とくに官立セクターは、帝国大学七校を除いて事実上すべてが単科の、官立大学・高等学校・専門学校、それに昭和一八(一九四三)年に専門学校と同格になった師範学校を加えて、複雑に分化した三〇〇校近い大学・学校から編成されていた。

これら多様な高等教育機関を再編統合して、具体的には高等学校を廃止し大学と専門学校を統合して、新しい単一の大学制度に移行すべきだという議論は大正期からあり、昭和一〇(一九三五)年前後にピークに達した「学制改革」論議では、それが主流を占めるようになっていた。戦時体制への突入によりいったんは影を潜めていた、帝国大学の位置づけともかかわるその学制改革論議が、敗戦を機に新しい盛り上がりを見せることになったのである。

その戦後の学制改革だが、教育の民主化を占領政策の主要な柱に掲げるGHQの要請で来日したアメリカ教育使節団が、二一年三月末に提出した報告書を契機に議論が始まり、同年八月に設置された内閣直属の「教育刷新委員会」での集中的な審議を経て、二二年三月には「六・三・三・四」制と呼ばれる、新しい制度の骨格を示す「学校教育法」が公布されるに至ったことは、周知の通りである。

帝国大学の位置づけ

これにより戦前期以来の懸案であった高等教育改革は、大学から師範学校まですべての高等教育機関を新しい四年制の「新制大学」に再編統合することで決着し、昭和二三（一九四八）年四月には「新制大学」の第一陣が発足することになるのだが、そこに至る教育刷新委員会での議論の最大の争点は、帝国大学と高等学校の位置づけにあった。

実は、アメリカ教育使節団の報告書は、高等教育の制度改革にほとんど触れていない。次章で詳しく見るように、すべての高等教育機関の新しい四年制大学への再編統合は使節団の提言ではなく、教育刷新委員会での審議を経て、日本側が主体的に選択したものであることがわかっている（天野『新制大学の誕生』）。

ただ、教育の民主化を求める使節団（そしてGHQ）が、帝国大学・高等学校制度の存在に批判的で、その存続に否定的であったことは、報告書の中で、たとえば高等教育における「少数者の特権と特殊の利益が、多数者のために開放」されるべきだとして、「今日帝国大学卒業者に付与されている優先的待遇」の修正を求めていることなどからもうかがわれる。

使節団報告書の行間から見えてくるのは「日本の指導者層の人材養成の中核である旧制高校―帝国大学という教育ルートに対するアメリカ側の強い警戒感、不信感」（大﨑仁『大学改革』）であり、「使節団の高等教育改革論の目標の一つが、帝国大学体制の改変にあったことは明らか」（『東京大学百年史』通史三）であった。

先に見た文部省による帝国大学の整備拡充策は、そうした逆風の吹く中で実施された政策だったのである。

帝国大学令の廃止

それはともかく、三〇〇近い旧制度の官立高等教育機関を、敗戦後の混乱と厳しい財政事情のもとでどのように「新制大学」に転換させるのか、そこでの帝国大学の位置づけをどうするのか。

昭和二一（一九四六）年五月、文相に就任した東京帝大の元法学部長田中耕太郎《たなかこうたろう》が描いていたのは、「全国を大まかに分ち、例えば北海道、東北、関東、北陸、東海、近畿、中国、四国、九州等九つ位の広区域に学区制を立てそこに七つの旧帝国大学その他これに類似の綜合大学を中心の学府と定め、先ずこれらを重点に充実拡大し、其の他の高等専門学校等はこれら中心の綜合大学の衛星的学校として密接な連絡を保ち、極力教授の交換、学生の転学の便宜、施設の融通等をはかって、序々に全体を完成する」という構想であったとされる（日高第四郎『教育改革への道』）。

先の帝国大学の拡充策は、こうした漸進的な転換構想の一部として計画されたものとみてよい。

しかし、当時の文部官僚の一人が「最も適切賢明な方針であると今も信じている」（同前）とした、帝国大学・高等学校制度の温存につながるこうした構想を、ＧＨＱが受け入れるはずがなかった。改革は、帝国大学の制度上の特権的な地位を剥奪《はくだつ》する方向に、急激に動いていくことになる。

まず、学校教育法の公布から二か月足らず後の二二年五月二六日、帝国大学総長会議は、校名の「帝国」を廃止して地名を冠することを決議し、これを受ける形で一〇月一日には「帝国大学令」が廃止された。明治一九（一八八六）年以来の帝国大学の名称が、日本帝国の滅亡から二年余を経てついに姿を消したことになる。

ただ、それは名称の変更にすぎなかった。文部省は同じ日、帝国大学を「国立総合大学」と呼び変える「国立総合大学令」を公布して、制度と組織の存続をはかったからである。先に触れた帝国大学の誘致運動は、こうして「国立総合大学」誘致運動に衣替えすることになった。

「国立総合大学」誘致運動

その誘致運動は、昭和二一（一九四六）年八月の「整備方針案」に具体的な名前の挙がった地域の諸県市を中心に始まった。北陸地方の石川・新潟、中国地方では広島・岡山、それに四国地方の四県がそれであり、このほか熊本・神戸などでも誘致運動が盛り上がったことが校史から知られる。

なかでも大正期から「北陸帝国大学」、「中国帝国大学」の設置を求める建議を帝国議会に提出してきた石川、広島の両県はひときわ積極的であり、戦後もいち早く運動を開始してきた。運動の核になったのは、四国四県の場合を除いていずれも官立の単科大学であり、同一県内・地域内の官公立専門学校・高等学校を巻き込んでの、「総合大学化」という名の帝国大学昇格運動が展開されるのである。

官立単科大学とそれが立地する県を中心に運動に火がついた背景にはもう一つ、二二年一二月四日付の新聞が「官立大学高専地方移譲、審議を急ぎ近く実現……」という見出しで報じた、GHQが突如打ち出した官立高等教育機関の「地方委譲論」があったことを、指摘しておく必要があるだろう。

GHQ内部で十分な検討を経てのものではなかったようだが、「国立総合大学」以外の官立高等教育機関をすべて府県に委譲するという、アメリカの州立大学制度をモデルにしたと思われる構想である。文部省は困惑し、教育刷新委員会や関係者が猛反発して結局沙汰《さた》やみになるのだが、その過程で「文部省としては学徒育成の立場から、現在旧帝大系七、それから四国、中国、北陸などに綜合大学を新設して十大学〔だけ〕を官立としていきたいという計画を持っている」と報道されたことから、官立単科大学の間に衝撃が広がったのである。

昭和二二年末といえば文部省がすでに、官立セクターの大学・学校に打診しながら、新制大学への移行計画を検討しはじめていた時期である。その最中に突如浮上した地方移譲論による、官立大学から府県立大学へのいわば「格下げ」を免れるには、早急に旧帝大と同格の「国立総合大学」への昇格を目指すほかはない。

こうして、北陸総合大学（金沢）、北日本総合大学（新潟）、広島総合大学（広島）、中国総合大学（岡山）、南九州総合大学（熊本）、それに四国総合大学（愛媛・香川・徳島・高知）など、二二年末から二三年初めにかけて「国立総合大学」誘致運動が一気に盛り上がり、地方委譲論の立ち消えとともに急激に下火になっていくのである（天野『新制大学の誕生』下）。

国立大学設置の一一原則

これからあと、文部省が昭和二三（一九四八）年六月策定した「新制国立大学実施要綱（国立大学設置の一一原則）」に基づいて、すべての官立高等教育機関の再編統合が旧帝国大学の所在都府県を例外に、「一県一大学」を原則に進められ、昭和二四年五月三一日の「国立学校設置法」公布により、六九校の新制国立大学が一斉に発足することになる。同日「国立総合大学令」は廃止され、帝国大学の後身である国立総合大学の制度にも終止符が打たれた。各地で燃え上がった誘致運動は、帝国大学制度が見せた最後の残照とみるべきかもしれない。

こうして、明治一九（一八八六）年以来の帝国大学制度は、その六〇年余の歴史の幕を閉じた。しかし、それによって帝国大学と呼ばれてきた大学、あるいは組織そのものが解体され消滅したわけではない。旧帝国大学は別の衣をまとって一層の整備拡充がはかられ、日本を代表する「研究大学」へと転生し、いまもなお成長を続けている。エピローグでは、その転生の過程を跡付けておくことにしよう。

エピローグ　研究大学への道

東京帝大の学制改革案

日本の高等教育システムの中で特権的な地位を占めてきた帝国大学・高等学校制度に、占領軍が厳しく批判的であったことは前章で触れた通りだが、その廃止や解体まで求めていたわけではない。その一方で帝国大学・高等学校制度に対する批判や廃止を求める声は戦前期からあり、戦後も早い時期に、帝国大学自体の内部からも廃止論が出されていた。

終戦から一年もたたない昭和二一（一九四六）年三月に東京帝国大学に設置された教育制度研究委員会が、同年四月に公表した小学校五年・中学校三年・高等学校四年・大学四年、そして年限を定めない大学院という学制改革案がそれである（『東京大学百年史』資料二）。

この案によれば、新制の「高等学校」は「現制の中等学校第三学年以上と高等学校、専門学校の初学年を併せ」たもの、「大学」は「現制の高等学校、専門学校第二学年以上及び大学の一部を併せてこれを構成する」とされている。年限の区切りは別として、六・三・三・四制とほぼ同じこの改革案が実施されれば、高等学校・専門学校制度は廃止、帝国大学は他の旧制大学はもちろん、高等学校・専門学校・師範学校からの「転換・昇格」大学とも同格の、「新制大学」に衣替えすることになる。

帝国大学・高等学校制度の廃止は、帝国大学側の構想でもあったのである。

南原繁と天野貞祐

ただしこの案は、七校の旧帝国大学（国立総合大学）や旧高等学校の処遇、位置づけについては何も語っていない。帝国大学・高等学校制度を廃止するとして、新学制による大学に具体的にどう移行させるのか。具体策は昭和二一（一九四六）年八月に設置された、内閣直属の審議会である「教育刷新委員会」（以下、教刷委）で議論されることになるのだが、その教刷委の副委員長、のちに委員長を務めたのは、他ならぬ東京帝大の南原繁《なんばらしげる》総長であった。

帝国大学・高等学校の関係者・卒業者が多数、委員として参加したその教刷委で、最初に議論の焦点となったのは高等学校の移行問題である。

高等学校制度が、帝国大学の特権的な地位を保証する最も重要な装置として機能してきたことは、これまで見てきた通りである。事実上の帝国大学予科であるその制度が廃止されれば、高等教育システム内での帝国大学の別格的な地位も失われる。それをやむなしとする先の東京帝大の意見とは対照的に、高等学校で教育を受け、さらには教鞭をとった経験を持つ委員の中には、制度の存続を望む根強い声があり、その中心的な論者が第一高等学校長で哲学者の天野貞祐《あまのていゆう》であった。

教刷委と別格化構想

教育刷新委員会でその天野委員が当初主張したのは、高等学校の存続論ではなく、六・三・五制という大胆な学制改革案であった。

敗戦後の財政困難な時代に、学問に関心の乏しい若者を長期間教育する必要はない。年限短縮のため、高等学校・専門学校等の高等教育機関はすべて再編統合して、九年間の義務教育に続く五年制の「大学校」にする。卒業後さらに学問研究を目指す少数の若者には、「学問研究所」、あるいは「国立研究所」を用意する。その「研究所」こそが「真正の大学」なのだというのが、彼の主張であった。

つまり、高等学校や専門学校を新しい「大学校」に移行させたうえで、帝国大学は別途「真正の大学」・「学問研究所」として、残そうというのが彼の構想だったのである。

研究機能の強化を目的に、帝国大学の研究所化をはかろうという議論が、大正期にすでに一部東京帝大教授の間にあったことは、以前に見た通りである。新しい大学制度への移行は避けられないとして、国家による重点的な物的・人的資源の投入を受けてきた帝国大学を、わが国を代表する「最高学府」として実質的に存続させるためには、研究機能を強調し、「研究所」化することで、他の大学との差異化をはかるほかはない。それが天野の主張であった。

しかし、この大胆な六・三・三・五制案に賛同が得られないとわかると、天野は、今度は高等学校制度の温存論に転じた。

六・三・三・四制を採用するとして、新制高等学校に三年制の他に四年制あるいは五年制も認め、旧制度の高等学校をそこに移行させることにすれば、旧帝国大学との接続関係はこれまで通りということになる。それが難しければ、旧制高校を二年制の「前期大学」とし、大学の後期課程への進学を認めることにしたらどうか、というのである。

教刷委では、こうした旧制高等学校の移行を前提とした四年制・五年制の新制高等学校、あるいは二年制の前期大学設置の是非をめぐって、激しいやりとりがあったが、結局天野はこの議論にも敗れた。昭和二二（一九四七）年三月に成立した「学校教育法」は、天野が主張するような例外を認めず、六・三・三・四の単線型の学校制度を採用するものだったからである。

学術研究所・大学院化

旧制高等学校制度の実質的な温存策に敗れた天野は、それでもあきらめず、学校教育法の成立直後から、再び帝国大学制度の温存策として、独立の「研究所」ないし「大学院」化を主張するようになった。

議論は教刷委の特別委員会を舞台に戦わされ、委員の間で賛否の意見が分かれたが、最終的に「大学院は綜合学術研究所として独立に設置することが出来る」、「現在の帝国大学はこの大学院を以て主体とする」という、天野の意見に沿った案が決定され、総会での審議にかけるところまでこぎつけた。

特別委の小宮豊隆《こみやとよたか》主査（前東北帝大法文学部教授）は、その総会で、新しい民主的な大学制度のもとで「民衆の水準は高まっても、学問の水準は世界的に高まることが出来ない虞が十分あるので、こういう綜合学術研究所を（中略）独立に設けることが出来るようにしないと、学校教育法でそれぞれの大学の内部に附属されているもの〔新制大学院〕だけでは指導能力が十分でない虞がある」、また「綜合学術研究所」を新たに設立することは「日本の現在の状態では到底不可能」なので、「現在の帝国大学の設備と教授力とを以てしてその綜合研究に当って貰《もら》うということがさし当りは最もいい方法で、最も可能な方法」だと考えると、天野の意を体して縷々《るる》説明している。

しかし、この大胆な構想も理解を得ることはできず、結局、採択されずに終わった。最も強力な反対者は委員長を務める南原東大総長であった（『教育刷新委員会教育刷新審議会会議録』）。

総合大学と複合大学

こうして、天野らが固執した旧制高等学校制度の温存、あるいは旧制帝国大学の「研究所」ないしは「大学院」化による、別格大学化構想は否定されることになった。

しかし、帝国大学から専門学校、師範学校まで、旧制のすべての高等教育機関を再編統合して新しい四年制大学に移行させる、制度の民主化・平等化・大衆化は不可避だとして、際立って高い総合性と研究機能を持つ七校の帝国大学を、新制度のなかにどう位置づけるのか。昭和二四（一九四九）年春に向けて新制大学への移行が具体的な日程にのぼるなか、「国立総合大学」と名称を変えた旧帝国大学の新制度下での処遇が、依然として重要な政策課題であることに変わりはなかった。

三〇〇校に近い国立セクターの大学と学校を新制度の大学に移行させるにあたって、二三年五月、文部省が打ち出したのは、地域単位での統合案である。

「新制大学への切替えに当たっては、特別の場合を除き同一地域の官立学校はなるべく合併して一大学とし一地域一大学の実現を図り、経費の膨張を防ぐと共に大学の基礎確立に努める」というのがそれであり、具体的に示されたのは以下のようなガイドラインであった（『岡山大学二十年史』）。

①「国立総合大学」は「付属の予科専門部などを包括するはもちろん、特殊の大学を除きその所在地の高専校などを合併して、新制の総合大学とする」、②単科の官立大学も同様の合併統合を進め「総合または複合の大学」とする、③それ以外の学校は「特殊の学校を除きその地域ごとに合併して、複合の一大学とする」、④「総合または複合の大学に合併しない特殊の学校に限り、単科の大学とする」。

各大学・学校はこの方針のもと、移行に向けて早急に準備を迫られることになった。移行の問題については教育刷新委員会でも議論が重ねられており、二三年七月の決議「大学の国土計画的配置について」の中で、①「地区（ブロック）の中心たる大都市の国立総合大学には、なるべくすべての部門を網羅して、その地区の文教の中心たらしめること」、②「各都道府県には、なるべく複合大学（中略）をおき、その都道府県の文教の中心たらしめること」を提言している。

新制度のもとでも、旧帝国大学を継承する大学と、それ以外の大学・学校を継承する大学とは差異的に扱うべきだとする意見が、文部省でも教刷委でも支配的であったことがわかる。

一県一大学原則

こうした動きを踏まえて、昭和二三（一九四八）年六月になるとさらに具体的な再編統合の指針として、文部省から先にも触れた「新制国立大学実施要綱（国立大学設置の一一原則）」が、各大学・学校に通知された。

この「要綱」で最も重要なのは、「国立大学は、特別の地域（北海道、東京、愛知、大阪、京都、福岡）を除き、同一地域にある官立学校はこれを合併して一大学とし、一府県一大学の実現を図る」とした、「第一原則」である。そこには、例外扱いの「特別の地域」名が明記され、それ以外の地域ではすべて県単位の合併統合、すなわち「一県一大学の実現」が指示されていた。

この「要綱」が示されるまでは府県域を超えた統合や、単独での移行・昇格を構想する大学や学校が少なくなかった。しかし、第一原則は例外を認めることなく厳格に適用され、三八の地域で県単位の再編統合が実施され、二四年春には、のちに「地方国立大学」と呼ばれるようになる「一県一大学」の国立大学三八校が、一斉に発足するのである。

「特別の地域」

さて、例外扱いされた六つの「特別の地域」である。一見して明らかなのは、それが旧帝国大学・国立総合大学の所在地だということである。先の文部省の構想や教刷委の決議が、そのような形で実体化されたことになる。

ただ、そこに東北大学の立地する宮城県の名前が欠けていることに気付く。地域人口三〇〇万人を基準にしたためとされているが、その結果、東北大学だけが「一県一大学」原則による大学として、新制度に移行することになった。ただしそれは、東北大学が「地区（ブロック）の中心」の国立総合大学という枠から外されたことを意味したわけではない。のちに見るように、七校の旧帝国大学を差異的に処遇するという文部省の政策意図は、東北大学の場合にも明確に貫かれていたからである。

二四（一九四九）年春の新制大学移行に際して、すべての旧帝国大学が同一地域内の旧制高校を吸収統合して、一般教養教育担当の部局（教養学部・教養部等）とした。久留米工業専門学校（九州）、函館水産専門学校（北海道）、私立大阪薬学専門学校（大阪）、名古屋経済専門学校・岡崎高等師範学校（名古屋）のように、専門学校を統合した旧帝国大学もある。

東北大学は「一県一大学」原則に忠実に、仙台工業専門学校・県立宮城女子専門学校・宮城師範学校・宮城青年師範学校と、同一県内の官公立校をすべて合併して発足した（のちに師

表E－1　旧帝国大学・国立総合大学（昭和27年現在）

	学部編成	旧制度からの継承校等
東京	教養・文・教・法・経・理・医・工・農	東京帝大（文・法・経・理・医・工・農） 一高・東京高・付属医専
京都	文・教・法・経・理・医・工・農	京都帝大（文・法・経・理・医・工・農） 三高・付属医専
東北	文・教・法・経・理・医・工・農	東北帝大（文・法・経・理・医・工） 二高・付属医専・仙台工専・県立宮城女専・宮城師・宮城青師
九州	文・教・法・経・理・医・工・農	九州帝大（文・法・経・理・医・工・農） 福岡高・付属医専・久留米工専
北海道	文・教・法・経・理・医・工・農・水	北海道帝大（法文・理・医・工・農） 北大予科・付属医専・付属農専・函館水専
大阪	文・法・経・理・医・歯・工	大阪帝大（法文・理・医・工） 大阪高・府立浪速高・付属医専・私立大阪薬専
名古屋	文・教・法・経・理・医・工・農	名古屋帝大（文・法経・理・医・工） 第八高・付属医専・名古屋経専・岡崎高師

『全国大学一覧』昭和27年度より作成

範系は昭和四〇年、宮城教育大学として分離・独立)。

七校の旧帝国大学はこうして、「ブロックの中心」に位置する「新制国立総合大学」として、戦後の歩みを開始するのである。

講座制への着目

しかし「ブロックの中心たる大都市の国立総合大学」というだけでは、新制度への移行時点での別格扱いにとどまり、旧帝国大学が明治以来享受してきた差異的で特権的な処遇が約束されたことにはならない。

最高学府として、これまで集約的な資源投入の対象とされてきた七校の国立総合大学に、新しい大学制度のもとでどのような方法で、他の大学とは異なる処遇を約束するのか。その手段として文部省が重視したのは、教育研究組織の基本的な単位としての「講座制」の存在であった。

講座制が帝国大学に特有の制度であり、戦前期を通じて帝国大学以外の官立大学には認められず、公私立大学も講座制とは無縁であったことは、これまで見てきた通りである。

教授の専攻責任を明確にするために明治二六(一八九三)年に導入されたその講座制は、教育研究上の基本的な組織単位とされ、学部・学科はそれを基礎に、講座の集合体として組織されてきた。たとえば民法、物理学、機械工学等の講座名称は、教育研究の対象とされるべき学問領域・専門分野を表し、帝国大学における教育課程の編成だけでなく教員人事や予算配分までが、原則として講座を単位に行われてきた。

人事についていえば、当初は教授のみの講座が多かったが、大正期に入ってからは各講座とも教授・助教授・助手という三層のポストを置くことを基本とし、また予算の積算・配分についても講座が基礎単位とされるようになっていた。

これに対して帝国大学以外の、講座制をとらない（とることを許されない）官立大学、それに研究機能を期待されない官立の専門学校がとったのは、教育課程を構成する授業科目に応じて教授や助教授のポストを置く、「(学）科目制」と呼ばれる組織形態である。それは私立の大学や専門学校も同様であった。

帝国大学に固有の、その意味で特権的な制度であるその講座制を、すべての新制大学に導入するのか廃止するのか、あるいはそれに代わる新しい組織を導入するのかは、新学制への移行問題の一環として、文部省にとって避けて通ることのできない問題であった。

この重要な問題の審議にあたったのは、実は教育刷新委員会ではない。GHQの強い指導と支援のもとに設置された、大学関係者による民間の団体「大学基準協会」である。そのGHQは、ヨーロッパ起源でアメリカの大学にはない講座制の存在に批判的であった。また大学基準協会の有力メンバーである私立大学関係者の間には、教員数の増加につながる講座制をすべての大学に一律に導入することは、経営的に困難だとする意見が強く、議論は紛糾した（『大学基準協会十年史』）。

大学基準協会での議論は、結局、講座制そのものを否定するには至らなかったものの、「大学はその目的使命を達成するために必要な講座又は之に代る適当な制度を設けなければならない」という、曖昧さを残した結論で決着する。そこでいう講座に代わる「適当な制度」とは何なのか、詰めた議論のないまま、文部省は国立大学を含む新制大学の設置認可作業を進めることになるのである。

温存された講座制

文部省が、講座制をすべての新制国立大学に導入する考えがなかったことは、たとえば敗戦直後に積極的に推し進めた帝国大学の学部新増設政策について、『名古屋大学五十年史』に引用されている関係者の回顧談からもうかがわれる。

それによれば、「文部省の方で旧制大学の中に学部を整備しておけ」といってきたが、それは旧制なら「新制のように大学設置申請書が必要ではない」だけでなく、「旧制ですと講座制にな」るが、「新制ですと学科目にな」るからということであった、とある。文部省が講座制を維持し、その導入を限定的とする考えを早くから持っていたことがわかる。

ただ、さすがに旧帝国大学だけにとどめることは不可能と考えたのであろう、新制国立大学への移行に際して、文部省はたとえば医科・工科・商科・文理科の旧官立大学を継承した大学・学部、それに六年制の医学部・歯学部に限って、講座制を認める方策をとった。

その理由付けに使われたのが、なによりも大学間の研究機能の違いであったことが、昭和三一（一九五六）年になって初めて省令化された「大学設置基準」の条文からわかる。

それによれば、「大学は、その教育研究上の目的を達成するため、学科目又は講座を設け、これらに必要な教員を置く」とあり、「講座制は教育研究上必要な専攻分野を定め、その教育研究に必要な教員を置く制度」、「学科目制は教育上必要な学科目を定め、その教育研究に必要な教員を置く制度」と定義されているからである。

講座制か学科目制か

つまり、講座制が「教育研究上」の組織形態であるのに対して、学科目制は「教育上」の組織形態だというのである。文部省は実際にこの定義をもとに、研究科を置き博士学位の授与権を認められてきた旧制度による大学・学部と、博士課程研究科を必置とした医学部・歯学部だけに、新制移行時に講座制を認めたのである。

その原則がいかに厳しく適用されたかは、旧帝国大学でも、第一高等学校を継承した東京大学の教養学部は長く講座制を認められず、「地方国立大学」の場合にも、たとえば七学部を持つ神戸大学では旧神戸経済大学を継承した法・経・経営の三学部のみ、六学部の千葉大学では旧千葉医科大学を継承する医学部のみが、講座制学部として認められたことからもわかる。

旧帝大・官立大と無関係な、純然たる新制大学の場合には、すべての学部が学科目制であったのはいうまでもないだろう。そして、研究機能に着目したこの講座制・学科目制の区別が、その後の各新制国立大学、とりわけ旧七帝国大学の発展に、重要な意味を持つことになるのである（なお、私立大学の場合講座制・学科目制のどちらをとるかは自由であったが、講座制をとる大学・学部は事実上皆無であった）。

大学院の設置

昭和二四（一九四九）年春に一斉に発足した新制国立大学にとって、次の大きな課題とされたのは大学院の設置であった。

学年進行からすれば、新制大学院は、新制大学が卒業生を出す昭和二八年春に発足ということになる。その大学院について文部省が明らかにしたのは、①「新制大学院は旧制大学で学位審査権を有している大学を優先的に考慮する」、②「当分の間高等専門学校等を基盤として成立した大学は先ず学部の充実を計り大学院は計画しない」、③「当分の間は修士課程のみの大学院は、之を置かない」という方針であった（海後宗臣・寺崎昌男『戦後日本の教育改革　九　大学教育』）。

この方針に従えば、大学の研究機能の象徴である大学院博士課程と、修士・博士の学位授与権は、帝国大学をはじめとする旧制大学を継承した、言い換えれば講座制をとる大学・学部だけに限られることになる。実際に二八年春に大学院研究科の設置を認められたのは、旧制七帝国大学の他には、一橋（旧東京商科）・東京工業・東京教育（旧東京文理科）・神戸（旧神戸商業）・広島（旧広島文理科）の五大学（の旧制学部）だけであった（なお、旧制医科大学系の大学院は、学年進行〈六年制〉の関係で昭和三〇年以降に開設された）。

講座制と大学院研究科とのこうした対応関係を制度的に裏付けるものとして、昭和二九年には、講座が「大学院に置かれる研究科の基礎となる」ものであることを明記する「国立大学の講座に関する省令」が定められたことも、付け加えておこう。

つまり、新学制のもとで新制国立大学は、講座制大学と学科目制大学、研究中心大学と教育中心大学、大学院研究科（学位授与権）を持つ大学院大学と持たない学部大学に、大きく二分され、講座制・研究中心・大学院大学のなかがさらに、事実上すべての専門分野について講座制をとり、研究科を置き、学位授与権を持つ七校の旧帝国大学系の国立総合大学群と、旧官立大学系の実質的な単科大学群とに二分されることになったのである。

資源の重点配分

こうした講座制・学科目制の区分の重要性は、それが教育研究組織の違いというだけでなく、人員と予算の配分単位として使われることによって、一層大きなものになった。

人員についていえば、講座制の場合には講座ごとに教授一・助教授一・助手一〜三が配置されるのに対して、学科目制では主要学科目ごとに教授、あるいは助教授のポストが置かれる。講座制は、それ自体が研究と研究者（後継者）養成を前提とした組織であるのに対して、学科目制はなによりも教育のための組織であったことが、ここからもわかる。

こうした教員の配置・配分の違いが研究上の人的資源、ひいては研究活動のポテンシャルの大きな差異を意味したことは、あらためていうまでもないだろう。

予算についていえば、戦前期に引き続き新制国立大学についても積算校費制がとられたが、その額は、表E－2に見るように、昭和二四（一九四九）年の新制大学発足時こそ講座制と学科目制で大きな違いはなかったものの、その後は拡大の一途をたどっていく。

学科目制を一〇〇として、昭和二四、二八、三八の各年度の講座制の金額を見ると、非実

表E－2　国立大学講座・学科目当たりの積算校費（単位千円）

	講座制			学科目制	
	非実験	実験	臨床	非実験	実験
昭和10年	4	8	10	1	5
24年	89	273	302	82	244
28年	274	802	876	126	367
38年	654	2579	2799	253	879

文部省『我が国の高等教育』昭和41年より作成

験系では一〇八、二一七、二五八、実験系では一一二、二一九、二九三となっており、学科目制と比べた講座制の教員一人当たり積算校費が、昭和三八年にはすでに実験系で三倍近く、非実験系でも二・五倍にのぼっていたことがわかる。

しかもその積算校費は、戦前期以上に予算の大きな部分を占めるようになり、大学に配分された後は研究費だけでなく、教育費、管理運営費としても使われ、講座制大学・学部と学科目制大学・学部との間に教育研究水準の格差を生み、それを拡大する役割を果たした。

旧帝国大学を継承した講座制大学と、旧官立大学系の準（一部講座制大学、それ以外の学科目制大学という三層構造が、こうして形成されていく。

講座制と学科目制の違いを温存し活用することによって、文部省は七校の旧帝国大学を、日本を代表する国立総合・大学院大学に転生させることに、見事に成功したといってよいだろう。

「研究大学」への道

その講座制は国立大学の法人化とともに廃止され、いまは姿を消した。教育研究組織をどのように編成するかは、それぞれの大学の自由に委ねられることになった。しかし、講座制を拠りどころに行われてきた予算と人員配分の格差構造は、運営費交付金の額や承継教職員の数の違いとして、いまもそのまま各国立大学法人に受け継がれている（天野『国立大学・法人化の行方』）。

その変革の過程に触れることは、本書の射程を超えているが、明治一九（一八八六）年以来の帝国大学制度はいまだにそのような形で、大学経営の基盤にその明らかな痕跡《こんせき》をとどめ、競争的な研究費の獲得額や、博士学位の授与数、それに国際的な学術ジャーナルへの論文掲載数などについて、七校の旧帝国大学が一貫して上位を占有することを可能にしているのである。

平成二一（二〇〇九）年には、「学術研究懇談会　ＲＵ11」と呼ばれる、一一大学によるコンソーシアムが結成された。ＲＵとは、Research University（研究大学）の訳であり、メンバーは東京・京都・東北・九州・北海道・大阪・名古屋の旧七帝大、それに東京工業大と筑波大、私立では早稲田大・慶應義塾大の一一大学である。

リサーチ・ユニバーシティ、「研究大学」とは何かについて、明確な定義があるわけではない。この言葉が最初につかわれるようになったアメリカでは、広義には博士学位を授与し研究費の獲得額で上位にある大学を指し、狭義にはそれをさらに三ランクに分けた、最上位の大学群（全体の約二・五％）を「研究大学」と呼んでいる。

そのような公的な大学分類が存在しない日本で、研究機能の高さを自負する一一大学が、みずから「研究大学」を称するようになったのである。この一一校、とりわけ七校の旧帝国大学が、研究機能と国際性を重視する世界の「大学ランキング」で、日本勢として上位を占める大学群であることは、あらためていうまでもないだろう。

この物語のはじめに触れたイェール大学の図書館の棚に、いま日本の大学のどのようなカタログや資料が並んでいるのか、確かめるすべはない。しかし、日本を代表する「研究大学」として転生し、新しい道を歩みはじめた七校の旧制帝国大学の後身である研究大学が、グローバルな大学と学問の世界の一員として、ますます大きな存在感を示しつつあることは疑いない。

一三〇年前に始まった帝国大学の物語はいま次の、新しい展開を見せはじめたというべきだろう。

あとがき

もう三年以上前になる。学士会の大﨑仁理事（現副理事長）から、『学士會会報』に、帝国大学の歴史をテーマにした連載をしてみないかというお誘いがあった。

学士会は、旧制帝国大学卒業者の集まり、一種の同窓会である。しかし、帝国大学の制度が消滅してからすでに七〇年に近い。なぜ北海道・東北・東京・名古屋・京都・大阪・九州の七大学が、自校の同窓会の他にそのような組織を持っているのか、十分な知識のない会員も増えている。あらためて、七校の帝国大学の歴史をたどってほしいという趣旨のお話であった。魅力的なお誘いだが、私にとってはいささかならず重いテーマである。逡巡したが、大学の歴史に関心を持つものにとって避けて通ることのできない主題であり、結局、ありがたく引き受けさせていただくことにした。

『学士會会報』は隔月刊である。「七帝大物語」のタイトルで、二〇一四年の五月号から掲載が始まり二〇一七年一月号まで一七回、三年近い連載になった。本書はその連載に加筆し、修正を加えたものである。

その七校の帝国大学だが、国家の手厚い庇護のもとに成立し発展を遂げ、今もなお「研究大学」としてわが国のアカデミーを代表する大学群であり続けている。日本の大学と学問の歴史だけでなく、近代化の歴史そのものが、帝国大学の存在抜きに語ることはできない。帝国大学は、わが国の近代化を支えてきた最も重要な制度と組織の一つといってよい。

それだけに、帝国大学についてはすでに数多くのすぐれた先行研究があり、一般書も多く、百年余の歴史を経て、各大学から浩瀚《こうかん》な校史も刊行されている。それらを踏まえて、どのような視点から、しかも概括的な歴史記述を試みたらよいのか、それなりの工夫をしてみたが、それを理解していただくためには、簡単に「帝国大学」と私のかかわりを振り返っておく必要があるだろう。

巻末の著者略歴にあるように、私は旧制帝国大学を引き継ぐ大学の「正統的」な卒業者ではない。旧制東京高等商業学校・東京商科大学の後身である一橋大学経済学部を卒業したのち、学士入学の制度を利用して東京大学教育学部に再入学したので、旧制第一高等学校を継承した駒場の教養学部を知らない。しかも、新制大学の発足時に新設されたために当時「ポツダム学部」などと呼ばれていた教育学部の卒業者であり、専攻として選んだ教育社会学も、戦後生まれの「ポツダム学問」であった。やがて講座担当の教授になり、講座を守り増やすために苦労させられたが、旧制度を引き継いだ伝統的な学部・講座がどのようなものか、体験的に知っているわけではない。適任者はほかにいるのではないか。依頼を受けた時に逡巡した理由の一つである。

もう一つ、私は教育社会学の研究者であり、教育史や大学史の「正統的」な研究者ではない。研究者生活を始めた当時、教育社会学の世界で流行《はや》りのテーマであった入学試験や学歴主義との関連で、高等教育や大学の問題に関心を持つようになったが、それは現代日本社会におけるこれらの問題を分析する際の変数の一つ、いわば「与件」としての話であって、高等教育や大学の問題そのものを研究対象にしていたわけではない。

関心が大学や高等教育システムそのものに、とりわけ歴史に向くようになったのは、一九六〇年代末の大学紛争の頃からである。

その頃はすでに職に就いていたが、誘われて「大学史研究会」に参加するようになった。科学史の中山茂、法制史の上山安敏、西洋教育史の横尾壮英、日本教育史の寺崎昌男、教育社会学の潮木守一といった、錚々たる顔ぶれを中心とした研究者の集まりである。日本の大学史研究の先達で、のちに『東京大学百年史の』編集委員長を務めた寺崎さんが、指導教官から「大学史研究では飯が食えないよ」と言い渡されたという時代であり、研究会の参加者はそれぞれの専門領域から、良い意味ではみ出した人たちであった。いずれも当代の碩学《せきがく》というべき研究会のメンバーが繰り広げる自由闊達な議論は侃々諤々《かんかんがくがく》、丁々発止、刺激に満ち、学ぶところはきわめて大きかった。研究会は私にとって「もう一つの大学」であったといってよい。

議論に加わってみてわかったのは、そこで碩学たちによって議論の対象に取り上げられるのが、あくまでもアカデミーとして、「学問の府」としての歴史上の大学、わが国でいえば旧制度の大学、なによりも帝国大学だということであった。ところが、教育社会学の研究者である私の関心は、そうした「学問の府」としての旧制大学だけでなく、大衆（マス）の「教育の場」として第二次大戦後に出現した多数の「新制大学」を包括する、現代社会の大学と高等教育システムにあった。

大学進学率が急上昇し、高等教育の「エリートからマス」への段階移行が言われ、激しい大学紛争はそうした変化の表れと見なされていた時代である。歴史的な関心もエリート型の旧制帝国大学よりもマス型の大学の起源、具体的にいえば、官立の実業専門学校と私立専門学校の二つの学校群を主体とする「専門学校」の生成と発展の過程のほうにあった。『近代日本高等教育研究』というタイトルで刊行された、私の歴史研究の最初の成果は、その専門学校に視点を据えて書かれたものである。

若気の至りで、エリート大学主体の「帝国大学史観」に、マス高等教育重視の「専門学校史観」を対置するのだなどと唱えたものだが、学士会の依頼にためらったもう一つの理由は、研究者としての出発時に抱いていた関心対象の違いから生まれた、その微妙な「違和感」にあったのかもしれない。

そうした経緯もあり、帝国大学については部分的にはともかく、その後も長く制度と組織そのものを本格的な研究の対象とすることなく過ごしてきた。しかし古稀を過ぎ、最後の仕事としてわが国の高等教育の歴史について、包括的で通史的な書物を書いてみたいと思い立った一〇年ほど前から、帝国大学とその予科としての高等学校が避けて通ることのできない研究課題になった。

専門学校だけで、わが国の大学・高等教育の歴史は書けない。というより帝国大学・高等学校の存在抜きに、高等教育の歴史を書くことはできない。二〇〇九年に上梓した『大学の誕生』上巻の副題は「帝国大学の時代」となっている。最初の帝国大学の発足前後から、官公私立大学の設置認可に至る時期を扱った、『大学の誕生』のプロローグの一節は、そうした私なりの帝国大学に対する思いの端的な表現である――

そこ〔官公私立大学の誕生〕に至る四〇数年は、わが国の大学の、いってみれば長い懐妊期間にあたる。そこで展開されたのは太陽系の誕生にも似た、帝国大学を核にした多様な大学の誕生をめぐるダイナミックなドラマである。ドラマの最も重要な主役は、もちろん、わが国最初の大学としての東京大学・帝国大学である。しかし、このドラマにはそれとは別の数多くの登場人物、官公私立の多様な高等教育機関が存在したことを見落としてはならない。彼らこそが真の主役であり、東京大学・帝国大学は脇役、いや敵役に回る場面も少なくなかった。

大学誕生のドラマは、東京大学・帝国大学を中心に置きながらも、大学を志向するそれ以外の官公私立の多様な高等教育機関が織りなす、複雑で波瀾に満ちた、ダイナミックな物語として語られなければならない。

大学・高等教育の歴史については、その『大学の誕生』（明治初年から大正前期）から、『高等教育の時代』（大正後期から昭和一〇年代前半の戦間期）を経て、『新制大学の誕生』（戦中期から昭和二〇年代前半）に至るまでを三部作の形で描き、上梓してきた。帝国大学・高等学校制度についての記述が、そのいずれについても重要で大きな部分を占めることは、あらためていうまでもないだろう。

しかしそれでも、これまでの帝国大学に関する研究と資料の厚みを考えれば、これら通史的な著作では、表層をなぞるにとどまったのではないかという思いが残る。帝国大学そのものを主題として本格的に取り上げるとすれば、調べ直さなければならない問題も多く、また他の多くのすぐれた類書とは異なる、なにがしかの新しい視点や機軸を打ち出す必要がある。ためらいのさらにもう一つの理由であった。

ただ、これまでの研究者としての歩みを振り返ってみるとき、私に強みがあるとすれば、それはなによりも帝国大学を相対化してとらえることを可能にしてくれる、オーソドキシー（正統性）からはずれたマージナル（境界的）な立ち位置にあるのかもしれない。これまた逡巡し、あれこれ考えた末に設定したのが、帝国大学の制度と組織を、一つには他の高等教育機関との対比において相対化して、もう一つはそこを宿り場としてきた人々の集団、具体的には学生・教員という人的集団に焦点を絞って、とらえ直すという二つの視点である。

戦前期の高等教育システムは、本文中で繰り返し触れたように、帝国大学・官公立大学・私立大学・高等学校・官公立専門学校・私立専門学校・高等師範学校・師範学校という多様な高等教育機関から編成されていた。その多様であるだけでなくきわめてハイアラーキカルな、序列構造を特徴とするシステムのもとで、帝国大学は、国家の手厚い庇護のもとその頂点に君臨し、超越的で特権的な地位を占めてきた。より具体的にいえば帝国大学は、旧制高等学校・講座制・学位制度・特別会計制度など、それだけに認められたさまざまな特別の装置によって守られ、支えられてきた特異な大学である。

その特異性は帝国大学を他の高等教育機関との関連構造のなかでとらえ、いわばハイアラーキーの下部から逆照射することによって、より鮮明に浮かび上がらせることができるのではないか。また、従来の帝国大に関する多くの研究や著作がとってきた、法制史や政治史、科学史、学術史的なアプローチに、教育社会学的・教育社会史的なそれを対置するとすれば、それは帝国大学で教育を受け、教育を担ってきた人々、言い換えればそこを利用し通過した学生たちや、棲《す》み処《か》としてきた教授たちの、集団としての実態を明らかにすることではないか。帝国大学という制度と組織の現実、その「聖」なる部分だけでなく「俗」なる部分が、「上部構造」だけでなく「下部構造」が、それによって一段と鮮やかに可視化されるのではないか。

そうした私なりの思いと狙いのもとに、毎回読み切りの連載形式で書き進めてきた帝国大学の物語である。原稿の枚数についても、連載回数についても編集担当の大村誠さんには、ずいぶんわがままを言い、無理をお願いすることになった。それでも読者の方々の期待にどこまで応える内容になったか甚だ心もとなく、また字数の関係もあり、執筆者として意を尽くせぬままに書き残さざるをえなかった問題も少なくない。

ただ、帝国大学を研究対象とすることを避けてきた、あるいは逃げてきた（？）「専門学校史観」の持ち主としては、あらためて学ぶこと、考えさせられることのきわめて多い、まことに充実した三年余であった。研究者生活の締めくくりとして、この上ない機会を与えてくださった大﨑仁副理事長、身勝手な著者の度重なる願いを聞いてくださった編集担当の大村さんには、ただただ感謝するばかりである。

その長期にわたる連載を書物にするにあたっては、今回もまた中央公論新社に手数をおかけすることになった。同社の松室徹さん、田中正敏さん、それに新進気鋭の編集者・吉田亮子さんに、心より謝意を表したい。

二〇一七年新春

天野郁夫

引用・参考文献

研究書・一般書等

麻生誠『日本の学歴エリート』講談社学術文庫、二〇〇九年
天野郁夫『試験と学歴』リクルート出版部、一九八六年
天野郁夫『近代日本高等教育研究』玉川大学出版部、一九八九年
天野郁夫『教育と近代化』玉川大学出版部、一九九七年
天野郁夫『日本の高等教育システム』東京大学出版会、二〇〇三年
天野郁夫『大学の誕生』上・下、中公新書、二〇〇九年
天野郁夫『高等教育の時代』上・下、中央公論新社、二〇一三年
天野郁夫『新制大学の誕生』上・下、名古屋大学出版会、二〇一六年
有松英義編『小松原英太郎君事略』小松原英太郎君伝記実行編纂委員会、一九二四年
伊藤彰浩『戦間期日本の高等教育』玉川大学出版部、一九九九年
今岡和彦『東京大学第二工学部』講談社、一九八七年
岩田弘三『近代日本の大学教授職』玉川大学出版部、二〇一一年
『岩波講座・教育科学』第一七、岩波書店、一九三二年
潮木守一『京都帝国大学の挑戦』講談社学術文庫、一九九七年
馬越徹『韓国近代大学の成立と展開』名古屋大学出版会、一九九五年
扇谷正造編『あゝ玉杯に花うけて――わが旧制高校時代』有紀書房、一九六七年
大久保利謙『日本の大学』創元社、一九四三年
大﨑仁『大学改革一九四五～一九九九』有斐閣、一九九九年

大室貞一郎『学生の生態』日本評論社、一九四〇年
大山達雄・前田正史編『東京大学第二工学部の光芒――現代高等教育への示唆』東京大学出版会、二〇一四年
海後宗臣・寺崎昌男『戦後日本の教育改革　九　大学教育』東京大学出版会、一九六九年
木村匡『井上毅君教育事業小史』一八九五年
『教育ノ効果ニ関スル取調（未定稿）』文部省、一九〇四年
国民新聞編輯局編『教育改造論』啓成社、一九三〇年
佐藤憲三『国立大学財政制度史考』第一法規出版、一九六四年
斬馬剣禅『東西両京の大学』講談社学術文庫、一九八八年
実業之日本社編『中学卒業就学顧問』一九一四年
新堀通也『日本の大学教授市場――学閥の研究』東洋館出版社、一九六五年
高橋佐門『旧制高等学校研究――校風・寮歌論編』昭和出版、一九七八年
竹内洋『学歴貴族の栄光と挫折』日本の近代一二、中央公論新社、一九九九年
竹内洋『大学という病――東大紛擾と教授群像』中央公論新社、二〇〇一年
舘昭『東京帝国大学の真実』東信堂、二〇一五年
橘木俊詔『東京大学　エリート養成機関の盛衰』岩波書店、二〇〇九年
立花隆『天皇と東大』上・下、文芸春秋、二〇〇五年
陳瑜「日本統治下の台北帝国大学について」（上・下）、兵庫教育大学教育学研究科紀要一〇―一一、二〇〇四―〇五
寺崎昌男『日本における大学自治制度の成立（増補版）』評論社、二〇〇〇年
寺崎昌男『東京大学の歴史』講談社学術文庫、二〇〇七年
筧田知義『旧制高等学校教育の成立』ミネルヴァ書房、一九七五年
筧田知義『旧制高等学校教育の展開』ミネルヴァ書房、一九八二年
トク・ベルツ編『ベルツの日記』菅沼竜太郎訳、岩波文庫、一九五一年
中野実『東京大学物語　まだ君が若かったころ』（歴史文化ライブラリー　七一）、吉川弘文館、一九九九年

中野実『近代日本大学制度の成立』吉川弘文館、二〇〇三年
中山茂『歴史としての学問』中央公論社、一九七四年
中山茂『帝国大学の誕生』中央公論社、一九七八年
錦谷秋堂『大学と人物（各大学卒業生月旦）』国光印刷株式会社出版部、一九一四年
新田義之『澤柳政太郎』ミネルヴァ書房、二〇〇六年
秦郁彦『旧制高校物語』文春新書、二〇〇三年
花見朔巳編『男爵山川先生伝』大空社、二〇一二年
羽田貴史『戦後大学改革』玉川大学出版部、一九九九年
日高第四郎『教育改革への道』洋々社、一九五四年
広重徹『科学の社会史――近代日本の科学体制』中央公論社、一九七三年
渡辺実『近代日本海外留学生史』上・下、講談社、一九七七年

通史・資料集等

『学士會百年史』学士會、一九九一年
『学制八十年史』文部省編、一九五四年
『学校福利施設の概況』（『思想調査資料』第二十八輯）、文部省思想局、一九三五年
『教育五十年史』国民教育奨励会編、日本図書センター、一九八二年
『教育刷新委員会教育刷新審議会会議録』全一三巻、日本近代教育史料研究会編、岩波書店、一九九五―九八年
『近代日本総合年表』第四版、岩波書店編集部編、岩波書店、二〇〇一年
『資料集成　旧制高等学校全書』全八巻・別巻一、旧制高等学校資料保存会編著、昭和出版、一九八〇―八五年
『資料臨時教育会議』第一―五集、文部省、一九七九年
『大学基準協会十年史』大学基準協会編、一九五七年
『日本近代教育史事典』日本近代教育史事典編集委員会編、平凡社、一九七一年

『日本科学技術史大系』第四巻（通史四）、日本科学史学会編、第一法規出版、一九六六年
『文教維新の綱領』文政研究会編、真紀元社、一九四四年
『明治以降教育制度発達史』第三巻、教育資料調査会、一九六四年
『明治文化資料叢書』第八巻・教育編、風間書房、一九六一年

大学史・学校史等

『大阪帝国大学創立史』西尾幾治編、一九四〇年
『大阪大学五十年史』大阪大学五十年史編集実行委員会編、一九八三年
『岡山大学二十年史』岡山大学二十年史編さん委員会編、一九六九年
『お茶の水女子大学百年史』お茶の水女子大学百年史刊行委員会編、一九八四年
『九州大学五十年史』九州大学創立五十周年記念会編、一九六七年
『京都大学七十年史』京都大学七十年史編集委員会編、一九六七年
『京都大学百年史』京都大学百年史編集委員会編、一九九八年
『京都帝国大学史』京都帝国大学、一九四三年
『神戸大学百年史』神戸大学百年史編集委員会編、二〇〇二年
『向陵誌』第一高等学校寄宿寮、一九二五年
『紺碧遥かに——京城帝国大学創立五十周記念誌』昭和四九年　京城帝国大学創立五十年編集委員会編、京城帝国大学同窓会
『神陵史——第三高等学校八十年史——』三高同窓会、一九八〇年
『第一高等学校六十年史』第一高等学校、一九三九年
『第一高等学校自治寮六十年史』一高同窓会、一九九四年
『第二高等学校史』第二高等学校史編集委員会、一九七九年
『東京大学百年史』東京大学百年史編集委員会編、一九八四—八七年

『東京帝国大学五十年史』東京帝国大学、一九三二年
『東京帝国大学学術大観』東京帝国大学編、一九四二年
『東北大学五十年史』東北大学編、一九六〇年
『東北大学百年史』東北大学百年史編集委員会編、二〇〇三―一〇年
『名古屋大学医学部九十年史』一九六一年
『名古屋大学五十年史』名古屋大学史編集委員会編、一九八九―九五年
『北大百年史』北海道大学編、一九八〇―八二年
『北海道帝国大学沿革史（創基五十年記念）』北海道帝国大学、一九二六年

帝国大学　関連年表

1946	（昭和21）	1	帝国大学の航空関係講座の廃止
		3	アメリカ教育使節団が報告書を提出
		8	「教育刷新委員会」(内閣総理大臣の諮問機関)を設置 文部省は「学校整備方針案」を作成。帝国大学の総合大学化を図る。この頃から各地に「国立総合大学」誘致運動起こる
1947	（昭和22）	3	「教育基本法」「学校教育法」を公布
		4	北海道帝大に法文学部、東北帝大に農学部を設置
		5	帝国大学総長会議は校名の「帝国」を廃止することを決議
		10	「帝国大学令」廃止、「国立総合大学令」公布。帝国大学の名称を「国立総合大学」に改め、校名を変更
1948	（昭和23）	2	東京大学は第二工学部の廃止を決定
		4	新制12大学発足(公私立)
		6	文部省「新制国立大学実施要綱(国立大学設置の11原則)」を策定
		9	大阪大学に法文学部設置 名古屋大学に文学部・法経学部を設置
1949	（昭和24）	4	東北大学・九州大学の法文学部を解組。法学部・経済学部・文学部を設置
		5	「国立学校設置法」を公布、「国立大学総合令」、「高等学校令」廃止。新制国立大学が一斉に発足

『学制八十年史』、『日本近代教育史事典』、『近代日本総合年表』等より作成

1924	(大正13)	5	京城帝国大学を設置
		9	九州帝大に法文学部、北海道帝大に工学部を設置
1925	(大正14)	2	成蹊高等学校の設置認可(私立)
1926	(大正15)	3	浪速(公立)・成城(私立)の両高等学校の設置認可
		4	京城帝大に医学部・法学部を開設
1928	(昭和3)	3	台北帝国大学を設置
1929	(昭和4)	1	府立東京高等学校を設置認可
		4	東京工業大学・大阪工業大学(高等工業学校の昇格)、神戸商業大学(高等商業学校の昇格)、東京文理科大学・広島文理科大学(高等師範学校を併設)の各官立大学を設置
		5	熊本医科大学を設置(県立熊本医科大学の移管)
1930	(昭和5)	4	北海道帝大に理学部を設置

大阪・名古屋帝大の新設

1931	(昭和6)	4	大阪帝国大学を設置。理学部・医学部を開設(医学部は府立大阪医科大学の移管)
			名古屋医科大学を設置(愛知県立医科大学の移管)
1933	(昭和8)	4	大阪帝大に工学部設置(大阪工業大学を合併)
		5	京都帝大「滝川事件」起こる
1937	(昭和12)	12	「教育審議会」(内閣総理大臣の諮問機関)を設置
1938	(昭和13)	4	「国家総動員法」公布
		8	「学校卒業者使用制限令」を公布
			文部省に「科学振興調査会」を設置
1939	(昭和14)	3	名古屋帝国大学を設置。理工学部・医学部を開設(医学部は名古屋医科大学の移管)

戦中から戦後へ

1941	(昭和16)	10	大学の修業年限を臨時短縮
1942	(昭和17)	3	東京帝大に第二工学部を設置
1943	(昭和18)	9	大学院・研究科に「特別研究生」の制度を設ける
		10	大学生の徴兵猶予措置の停止(理工科系統を除く)
		12	「学徒出陣」開始
1944	(昭和19)	3	「学徒動員実施要綱」を決定
1945	(昭和20)	4	大学の授業を1年間停止
		8	大学の授業再開
		12	東京女子高等師範学校が「東京女子帝国大学」設立を申請

1915	（大正 4）	7	東北帝大に医科大学を開設
1917	（大正 6）	9	「臨時教育会議」（内閣総理大臣の諮問機関）を設置
1918	（大正 7）	4	北海道帝国大学を設置。東北帝大農科大学を北海道帝大農科大学とする

「大学令」の時代

1918	（大正 7）	12	「大学令」を公布。帝国大学以外の官公私立大学の設置を認める
			「高等学校令」を公布。（高等学校を大学予科から高等普通教育の機関に）
1919	（大正 8）	2	「帝国大学令」を改正（分科大学は学部に名称変更）。東京帝大に経済学部、北海道大学に医学部、九州帝大に農学部を設置
		4	新潟・松本・山口・松山の各高等学校を設置
		5	東北帝大に工学部、京都帝大に経済学部を設置
		11	大阪府立大阪医科大学（最初の公立大学）の設置認可
1920	（大正 9）	1	東京帝大「森戸事件」起こる
		2	慶應義塾大学・早稲田大学の設立認可（以降私立大学の設立が続く）
		4	東京商科大学を設置（最初の官立大学、東京高等商業学校の昇格）
			水戸・山形・佐賀の各高等学校を設置
		11	弘前・松江の両高等学校を設置
1921	（大正10）	3	「大学特別会計法」を公布
		4	帝国大学・高等学校の学年始期を9月から4月に変更
		11	東京・大阪・浦和・福岡の各高等学校を設置
		12	武蔵高等学校（私立）の設置認可
1922	（大正11）	3	新潟・岡山両医科大学を設置（医学専門学校の昇格）
		8	東北帝大に法文学部を設置。静岡・高知の両高等学校を設置
1923	（大正12）	1	甲南高等学校（私立）の設置認可
		2	千葉・金沢・長崎各医科大学を設置（医学専門学校の昇格）
		10	富山高等学校の設置認可（公立。のちに官立移管）
		11	京都帝大に農学部を設置
		12	姫路・広島の両高等学校を設置

1893	（明治26）	8	「帝国大学令」改正（講座制の導入と分科大学教授会の設置など）
1894	（明治27）	6	「高等学校令」公布。高等中学校を高等学校に改称。第三高等学校に法・医・工三学部、他の高等学校に医学部および大学予科を置く
1895	（明治28）	4	農商務省の札幌農学校を文部省に移管

京都帝大の新設

1897	（明治30）	4	第三高等学校に大学予科、第五高等学校に工学部を設置
		6	京都帝国大学を設置。帝国大学を東京帝国大学と改称
		9	京都帝大理工科大学開設
1899	（明治32）	9	京都帝大に法科大学・医科大学開設
1900	（明治33）	3	第六高等学校（岡山）を設置
1901	（明治34）	4	第七高等学校造士館（鹿児島）を設置。第一・第二・第三・第四・第五高等学校の医学部独立し、千葉・仙台・岡山・金沢・長崎の各医学専門学校に。第三高等学校の法学部・工学部を廃止
1903	（明治36）	3	「専門学校令」公布
			京都帝大第二（福岡）医科大学設置
1905	（明治38）	8	東京帝大法科大学教授戸水寛人教授、休職処分
1906	（明治39）	4	第五高等学校工学部独立。熊本高等工業学校に

東北・九州・北海道帝大の新設

1907	（明治40）	3	「帝国大学特別会計法」公布
		6	東北帝国大学を設置。札幌農学校は東北帝大農科大学に
1908	（明治41）	4	第八高等学校（名古屋）を設置
		7	東京帝大法科大学に経済学科を設置
1910	（明治43）	12	九州帝国大学を設置
1911	（明治44）	1	東北帝大に理科大学、九州帝大に工科大学を開設
		3	京都帝大福岡医科大学を九州帝大医科大学とする
		7	「高等中学校令」を公布
1913	（大正 2）	3	「高等中学校令」の施行を無期延期
1914	（大正 3）	1	京都帝大「沢柳事件」起こる
		7	京都帝大理工科大学を理科大学と工科大学に分離
			菊池大麓元東京帝大総長「学芸大学校案」を発表

		2	内務省農事修学場授業開始

東京大学時代

1877	（明治10）	4	東京開成学校と東京医学校をあわせて東京大学（法理文の三学部と医学部）とし、東京英語学校を同予備門に改め、医学部に予科を設置
		10	内務省農事修学場を農学校と改称
1879	（明治12）	4	大阪英語学校を大阪専門学校と改称
1880	（明治13）	12	大阪専門学校を大阪中学校と改称
1881	（明治14）	4	農商務省を設置し、内務省農学校を移管
1882	（明治15）	3	開拓使廃止に伴い、札幌農学校を農商務省に移管
		5	農商務省農学校を駒場農学校と改称
		12	農商務省に東京山林学校を設置
1884	（明治17）	12	司法省法学校を文部省に移管し東京法学校と改称
1885	（明治18）	7	大阪中学校を大学分校と改称
		9	東京法学校を東京大学法学部に合併
		12	東京大学理学部中の学科を分離し、工芸学部を設置。文学部の政治学科を法学部に移し、法政学部と改称 工部省廃止に伴い工部大学校を文部省に移管

帝国大学時代

1886	（明治19）	3	「帝国大学令」を公布。東京大学を帝国大学（法・医・工・文・理の各分科大学）、大学予備門を第一高等中学校、大学分校を第三高等中学校と改称。工部大学校は帝国大学に統合
		4	「中学校令」公布（高等中学校制度の発足）
		7	農商務省の駒場農学校と東京山林学校を合併して東京農林学校とする
1887	（明治20）	4	第二（仙台）、第四（金沢）の各高等中学校を設置
		5	第五（熊本）高等中学校を設置
		8	高等中学校に医学部を設置（設置場所は第一・千葉、第二・仙台、第三・岡山、第四・金沢、第五・長崎）
1889	（明治22）	7	第三高等中学校に法学部を設置
		9	第三高等中学校を京都に移転
1890	（明治23）	6	東京農林学校を文部省に移管し、帝国大学農科大学を設置

帝国大学　関連年表

東京大学以前

年		月	事項
1868	（慶應 4）	6	昌平学校、医学所を設置
	（明治元）	9	開成所を設置
1869	（明治 2）	6	昌平学校を大学校、医学所を医学校、開成所を開成学校と改称
		12	大学校を大学、開成学校を大学南校、医学校を大学東校と改称
1871	（明治 4）	7	文部省を設置。大学を廃止し、大学南校は南校、大学東校は東校と改称
		8	工部省に工学寮設置
		9	司法省に明法寮（法学校）設置
1872	（明治 5）	4	開拓使仮学校を設置
		8	「学制」公布。全国を八大学区とし、各学区に大学設置を構想 南校は第一大学区第一番中学、東校は第一大学区医学校となる
		9	司法省明法寮授業開始
1873	（明治 6）	4	八大学区を七大学区に改正。「学制二編追加」を公布（「専門学校」に関する規定等）。第一大学区第一番中学を開成学校、第三大学区大阪第一番中学校を開明学校と改称
		7	工部省工学寮（工学校）開校
		8	東京外国語学校設置
1874	（明治 7）	4	大阪開明学校を大阪外国語学校と改称
		5	開成学校を東京開成学校と改称
		12	東京外国語学校の英語科を分離して東京英語学校を設置。大阪外国語学校を大阪英語学校と改称
1875	（明治 8）	5	司法省明法寮を司法省法学校と改称
		7	開拓使仮学校を札幌学校と改称
1876	（明治 9）	4	内務省農事修学場を設置
		8	開拓使札幌学校を札幌農学校と改称
1877	（明治10）	1	工部省工学寮（工学校）を工部大学校と改称

天野郁夫（あまの・いくお）

1936（昭和11）年，神奈川県生まれ．一橋大学経済学部・東京大学教育学部卒業．東京大学大学院教育学研究科博士課程修了．教育学博士．名古屋大学助教授，東京大学教育学部教授，同学部長，国立大学財務・経営センター研究部長を歴任．東京大学名誉教授．専攻は教育社会学，高等教育論．

著書『高等教育の日本的構造』玉川大学出版部，1986年
『近代日本高等教育研究』玉川大学出版部，1989年
『旧制専門学校論』玉川大学出版部，1993年
『教育と近代化』玉川大学出版部，1997年
『日本の高等教育システム』東京大学出版会，2003年
『学歴の社会史』平凡社ライブラリー，2005年
『教育と選抜の社会史』ちくま学芸文庫，2006年
『試験の社会史』平凡社ライブラリー，2007年，サントリー学芸賞受賞
『国立大学・法人化の行方』東信堂，2008年
『大学の誕生（上・下）』中公新書，2009年
『高等教育の時代（上・下）』中公叢書，2013年
『新制大学の誕生（上・下）』名古屋大学出版会，2016年
ほか

帝国大学《ていこくだいがく》
——近代日本《きんだいにほん》のエリート育成装置《いくせいそうち》

中公新書 *2424*

2017年3月25日初版
2017年4月15日再版

著　者　天野郁夫
発行者　大橋善光

本文印刷　暁印刷
カバー印刷　大熊整美堂
製　本　小泉製本

発行所　中央公論新社
〒100-8152
東京都千代田区大手町1-7-1
電話　販売 03-5299-1730
　　　編集 03-5299-1830
URL http://www.chuko.co.jp/

Published by CHUOKORON-SHINSHA, INC.
Printed in Japan　ISBN978-4-12-102424-4 C1237